나
혼자
영상
만들기

VEGAS PRO 19
베가스 프로 19

송택동 저

송택동 Song Taick Dong

서울교육대학교 외래교수 역임
교육인적자원부 음악교과서 집필위원 역임
서울시맑고밝은노래부르기 합창대회 1등
전국교육자료전 1등급 교육인적자원부장관 수상(푸른기장상: ICT음악교실)
ICT 활용 교구학습과정안 개발 최우수상(한국교원대학교 총장)
조선일보소년소녀합창단 지휘자 역임
한국어린이음악연구회 대표
자유기독학교(대안학교) 강사

저서: 〈나혼자 악보 만들기─뮤즈스코어(MuseScore)〉, 〈뮤즈스코어 뮤직메이킹(MuseScore Music Making)〉,
〈Finale와 ICT음악〉, 〈MuseScore 작곡 쉽게 따라하기〉, 〈시벨리우스7&뮤즈스코어(송택동 컴퓨터음악 따라하기)〉
음악교과서 수록곡: 우주자전거, 이슬열매, 고운꿈, 날개의씨앗, 대장간소리, 어여쁜친구, 나의친구에게, 소방차가족
Http://cs79.com (소리둥지)

VEGAS PRO 19

VEGAS PRO19는

초보자도 할 수 있는 직관적인 UI와 함께 전문가도 할수있는 다양한 기능까지 갖추고 있는 프로그램으로 다양한 변환 효과가 제공되고, 드래그 앤 드랍으로 효과를 집어넣을 수 있어 어떤 효과인지 미리 볼 수도 있다.

새롭게 추가된 이펙트,이미지 편집 기능 및 필터,글리치 등 390개 이상의 다양한 효과를 통해 빠른 영상 편집,제작이 가능하다.

액션캠, 미러리스로 찍은 영상 또한 그대로 편집하는 프리미엄 동영상 편집 소프트웨어로, 쉬운 조작법과 다양한 프리셋을 통해 브이로그, 영화작품 등을 비교적 쉽고 간단하게 제작할 수 있다는 특징을 갖고 있다.

VEGAS PRO19

It is a program that has an intuitive UI that even beginners can use, as well as various functions that even experts can use. A variety of conversion effects are provided, and you can add effects by dragging and dropping, so you can preview what the effect will be like.

Quick video editing and production is possible through more than 390 different effects, including newly added effects, image editing functions, filters, and glitches. It is a premium video editing software that edits videos taken with action cams and mirrorless cameras, and has the advantage of being able to produce vlogs and movies relatively easily and simply through easy operation and various presets.

CONTENTS

나 혼자 영상 만들기

VEGAS PRO 19

베가스 프로 19

[1] 베가스프로19 처음 설정하기

베가스프로 19 처음 실행하여 셋업(Setup)을 하면 프로그램을 쉽게 사용할 수 있다.

1. Project Properties(프로젝트 설정):
 1) 설정(Properties) 클릭한다.

 2) Resample mode->Disale resample 로 변경:
  초기 설정은 resample 로 되어 있는데 끊기는 효과를 주기위해 Disable resample 을 선택한다.

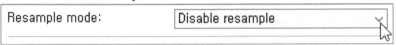

Resample mode(리샘플링 모드)는 영상을 부드럽게 처리하는 방식을 선택하는 모드인데, 영상에 끊기는 현상이나 잔상이 발생할 때 사용할 수 있는 옵션으로 작업 중 메뉴로 가서 설정하지않고 한번에 적용시켜 동일한 현상을 겪을 때 바로 반응하게 설정한다.

2. Edit Visible Button Set
 1) 비디오 트랙에 버튼이 안보이면 [More]를 클릭한다.

 2) Edit Visible Button Set 창에서 'Track Motion', .Track FX' 등 선택하고 OK 하면 트랙에 버튼이 생긴다.

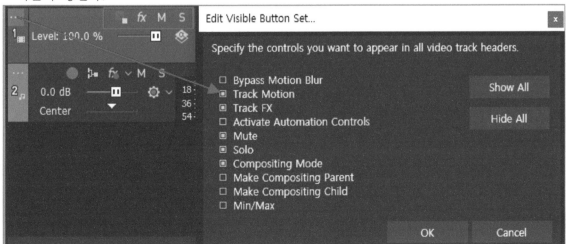

3. 타임라인에 버튼 만들기
1)타임라인에서 더보기(...) 클릭하여 [Edit Visible Button Set] 클릭한다.

2)Edit Visible Button Set 창에서 'Event FX' 등 선택하고 OK 하면 타임라인에 버튼이 생긴다.

4. Customize Toolbar- Creator Slideshow 버튼 메뉴에 추가하기
1)메뉴바에서 빈 곳을 더블클릭하고, Creator Slideshow 를 Add 하면,

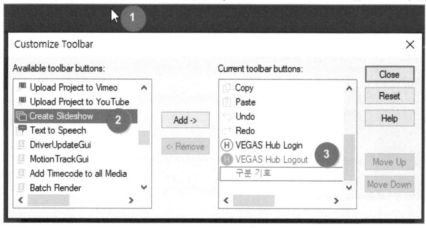

2)메뉴바에 Creator Slideshow 버튼이 생긴다.

3) Slideshow Creator: Explorer 클릭하여 이미지 불러와서 [Thumbnails] 클릭하여 이미지를 보고 Slideshow Creator 모니터에 드래그하고 [Create] 클릭하면 타임라인에 들어간다.

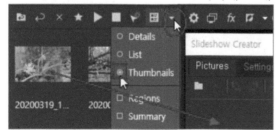

[2] 유튜브 음악 녹음하고 Audio Track FX 효과 적용하기

1. File/New 클릭하여 Audio 탭에서 Sample Rate 를 44.100 으로 한다.

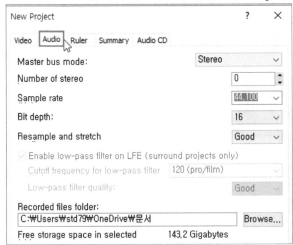

2. 오디오트랙에서 [fx] 클릭하고, [fx+]클릭하여 Surround 선택한다.

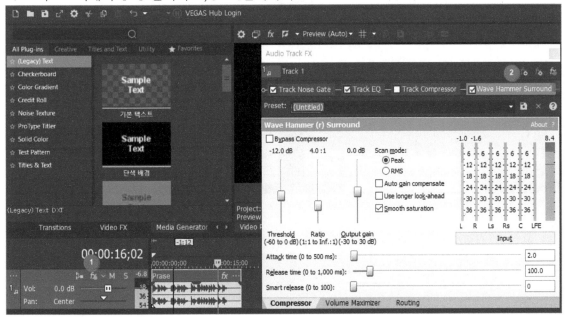

3. [Ctrl+Q]클릭하여 오디오 트랙을 추가한다.

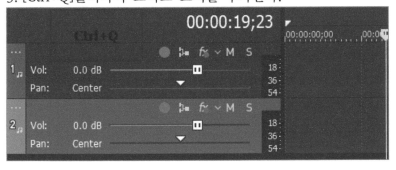

4. Plug-In Chain 클릭하여 Audio Track FX 추가한다.

5. Track FX 클릭하고 Track Compressor 선택한다.

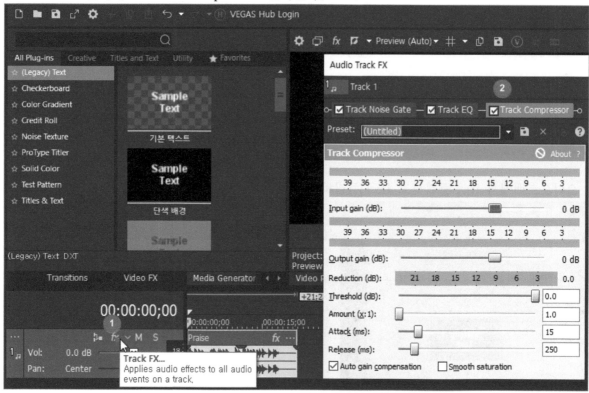

6. 유튜브 음악을 재생하고 [Ctrl+R] 눌러 소리를 녹음한다.

[3] 배경음악에 목소리 녹음(Record)하기

[1] 배경음악에 목소리 녹음하기

1. 컴퓨터 우측 하단의 Speaker 의 우마우스 클릭하여 [소리 설정 열기] 클릭한다.

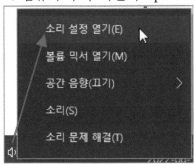

2. 컴퓨터의 스피커의 우마우스 클릭하고 [소리설정 열기]에서 출력 장치를 Headphone 선택한다.

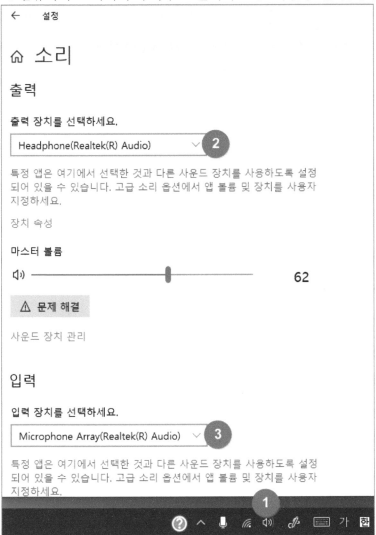

3. 레코딩 파일 저장 폴더를 간편하게 다시 여는 방법:
   Shift+레코딩 준비버튼을 클릭하고, 메뉴의 Properties(Alt+Enter) -> Audio - Recorded File Folder

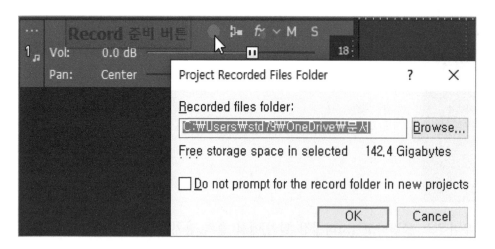

4. [Ctrl+R] 누르고 배경음악을 들으며 목소리를 녹음한다.

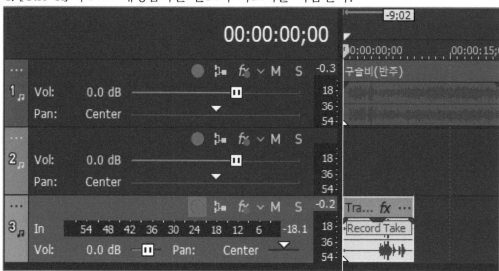

5. Recorded Files 창이 나오면 Done 누른다.

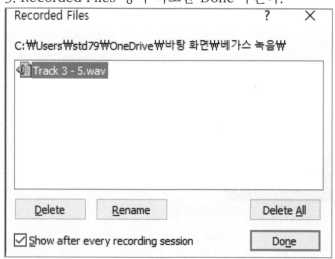

[2] 오디오카드(EDIROL)를 이용하여 컴퓨터에서 반주음악을 들으며 노래를 불러 녹음하기

1. 컴퓨터의 Speaker 클릭하여 출력장치와 입력장치를 [UA-25Ex]로 설정한다.

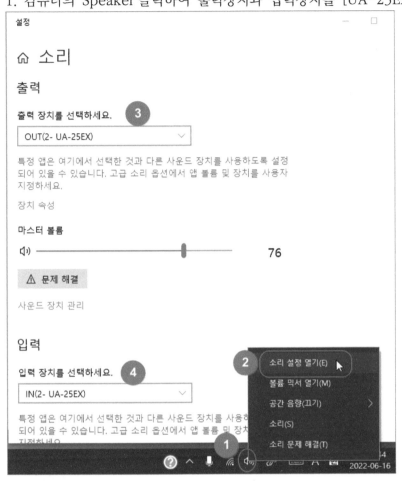

2. 마이크(1)를 오디오카드(EDIROL)에 연결하고, 오디오카드를 컴퓨터에 연결하고,
베가스프로 19 로 녹음한다

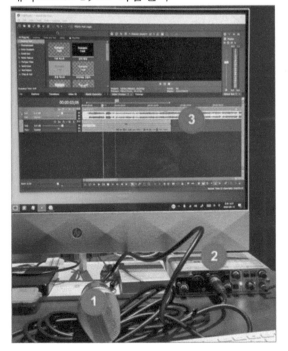

3. 녹음하는 순서

1) [Ctrl+R] 누르면 녹음되고

2) 녹음 장소를 정하고

3) 새폴더를 만들어 저장하는 장소를 만들고

4) 이름을 정하고 확인하면 녹음된 것이 저장된다.

4. 1 번 트랙에서 반주음원을 들으며 2 번 트랙에 마이크로 녹음한다.

 * 녹음 후에 노래 녹음이 반주음원보다 조금 늦게 되어 반주음원 클립을 우로 이동한다.

5. 렌더링하여 저장한다

[4] 브루(Vrew)로 자동 자막 만들고, 베가스로 영상에 넣기

목소리를 녹음한 영상을 Vrew(브루)에 불러와 자막을 자동으로 만들고, 베가스프로로 영상에 자막을 넣는다. Quick Time 을 미리 설치한다.

〈 Vrew(브루) 사용법〉

1. 음성이 들어간 영상 파일을 열기 위해 브루에서 [파일/새로 만들기] 클릭한다

2. [영사파일로 시작하기] 누른다.

3. 음성을 분석하여 자막으로 만들기 시작한다.

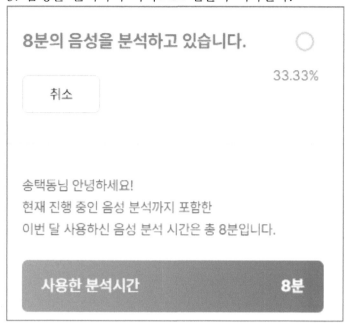

4. 자막이 들어오면 재생하여 확인한다.

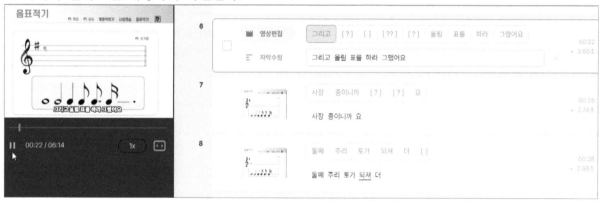

5. 자막 클립을 2개 선택하여 [클립 합치기]를 한다.

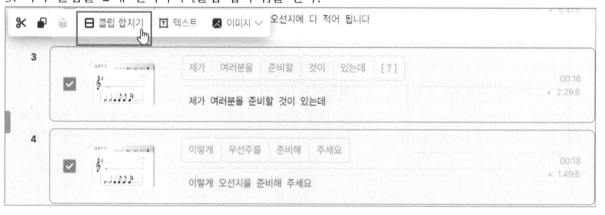

6. 긴 자막은 [편집/클립나누기(Enter)] 클릭하면 2개의 클립으로 나뉜다.

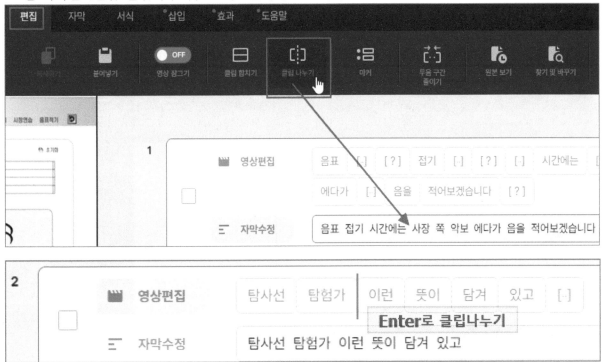

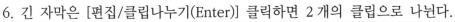

* Vrew 로고 삭제하려면, [X] 누르고 삭제한다.

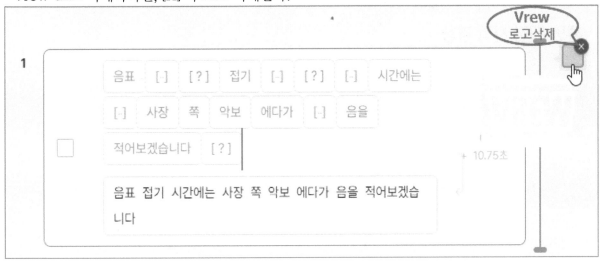

7. [파일/다른 형식으로 내보내기] 클릭하고, [투명 배경 자막 영상] 누른다.

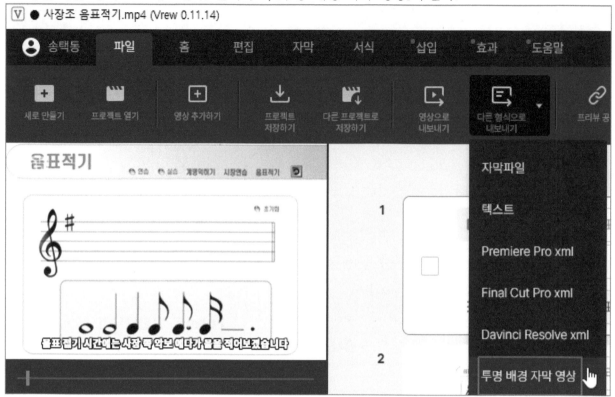

8. 해상도를 FHD, 코덱은 png 선택하고 내보내기한다.

9. 프로젝트 저장하기 눌러 저장한다.

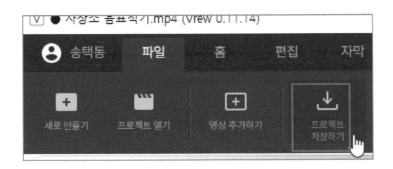

10. **[베가스프로 19]**를 열고, 자막영상 파일(mov)을 불러온다. mov 파일이 열리지않으면,
Quick Time 을 설치한다.
　* https://support.apple.com/kb/DL837?viewlocale=ko_KR&locale=ko_KR 에서 프로그램을
미리 설치한다.

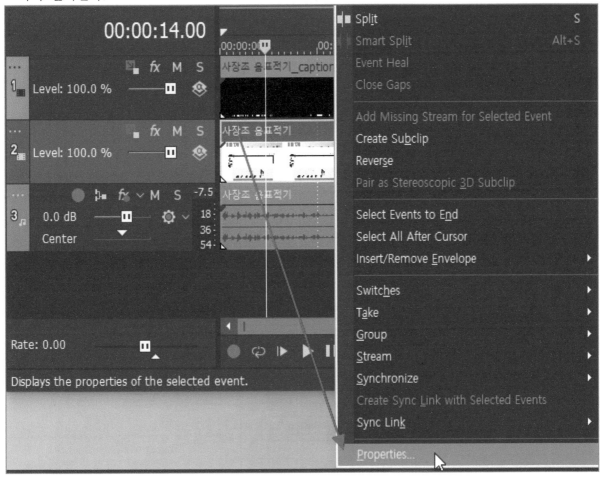

11. 자막이 영상위에 보이기위해 우마우스로 Properties 누르고, Media 탭에서 Alpha 를
    [Premultiplied]로 선택하고 OK 한다.

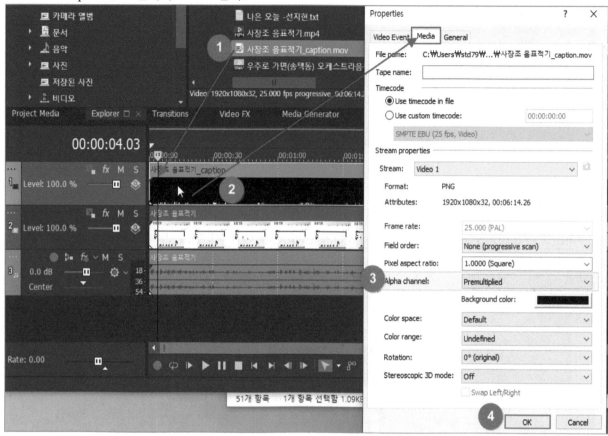

12. 영상 위에 자막이 보인다.

* mov 파일을 베가스에서 열리게 하는 방법:
https://blog.naver.com/gagipmal/221992322619

〈 VREW(브루) 무료다운〉

https://vrew.voyagerx.com/ko/

[5] Pro DAD ReSpeedr V1

영상을 고속 카메라고 촬영한 것 같은 슈퍼 슬로우모션 효과를 만들거나 촬영한 영상의 흔들림을
보정할 수 있는 프로그램 pro DAD ReSpeedr V1

1.파일을 불러와서 슬로우 모션을 적용할 영상 구간을 선택한 후 속도(%)를 선택하면
간편하게 슬로우 모션 영상을 만든다.

2.손떨림 보정 기능도 지원을 하여 손떨림 보정에 체크하면 다동으로 손떨림 보정이 진행된다.

3. Free Trial:

https://www.prodad.com/Slowmotion-Timelapse/ReSpeedr-V1-29772,l-us.html

[6] ProType Titler로 임팩트(Impact) 효과내기

자막이 빠르게 확대 축소하는 효과 만들기

1. 비디오트랙에 배경 사진을 불러오고, 비디오트랙을 추가하여 [Video FX]에서 ProType Titler 올리고, 검정바탕에서 더블클릭하여 'IMPACT' 글자를 넣고 [Esc] 클릭하여 Center baseline 선택하고, X,Y 바를 더블클릭하여 중앙에 배치한다.

2. 배경사진의 테두리에 검은색 여백이 생기면 [Event Pan/Crop] 클릭하여 우마우스로 [Match Output Aspect] 클릭하면

3. 검은색 좌우여백이 없어지고 미리보기 화면에 꽉 찬다.

4. ProType Titler 트랙에서 [Event Pan/Crop] 클릭하고,

5. 첫번째, 세번째 키프레임에서 글자를 확대하고

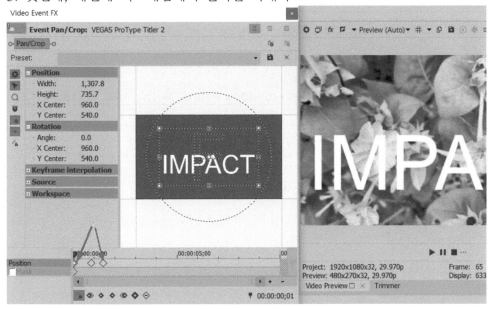

6. 두번째 키프레임에서 조절 점을 밖으로 드래그하여 글자를 축소한다.

[7] 플러그인 무료다운과 설치, Upscale로 영상 부분 확대하기

Vegas Pro17에는 Smart Zoom에 있고 Vegas Pro19에 없어서 Upscale 플러그인을 설치하여 사용한다. (The smart zoom plugin was replaced in Vegas 19 by the AI "Upscale" plugin)

1. Deep Learning Models 다운과 설치
 1) 다운:
https://www.vegascreativesoftware.info/us/proxy/0a27d4ad711a9fcb98de/?link=https%3A//dl03.magix.net/vegaspro19_dlm_t75zhr.exe

VEGAS Community | vegascreativesoftware.info
Discuss the most important challenges and trends in video editing with other VEGAS users within the VEGAS Community.
www.vegascreativesoftware.info
 2) Start Download 클릭한다.

2. VEGAS Deep Learning Models 만 선택하고 Continue 누른다.

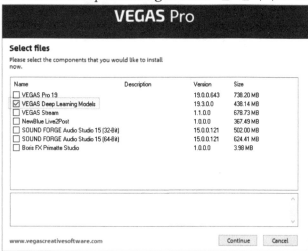

3. Agree and Install 클릭한다.

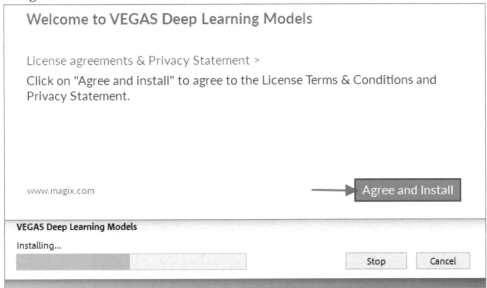

4. 베가스 [Video FX] 열고 Upscale 을 트랙에 이동한다.

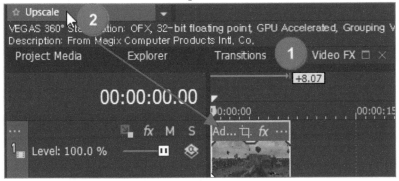

5. Animate 클릭한다.

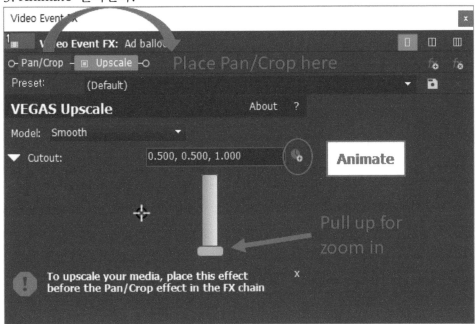

6. [+]로 위치를 정하고, 키프레임 만들고 바를 위로 올리면 영상이 확대된다.

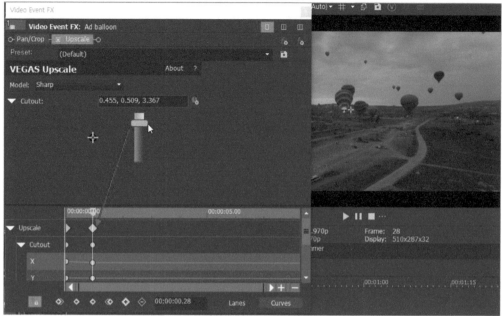

7. 플러그인 닫기: [Remove Selected Plug-In] 클릭한다.

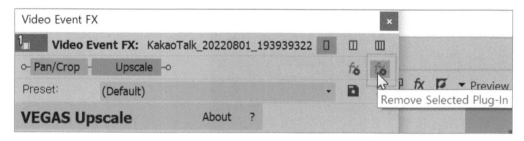

[8] 유튜브 설정 렌더링–Customize Template, Render As

비디오 속성에서 해상도, FPS를 먼저 파악하고, 나만의 렌더링 설정을 하여 빠르게 렌더링하기

1. Project Video Properties 창 열기 : Alt + Enter 클릭해도 된다.

2. Frame: 59.940, Template 에서 Custom 선택하여 YouTube 로 수정하고, Template 누르고 OK 한다.

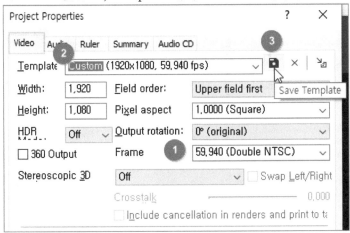

3. 다시 작업할 때 Template 에서 YouTube 선택한다.

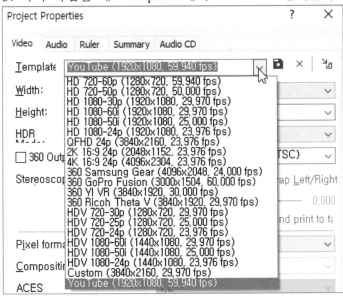

4. 이벤트 전체를 선택하기위해 이벤트 위 공간에서 Double Click(더블클릭)한다.

5. Render As 클릭하여 MAGIX AVC/AAC MP4, Internet HD 1080 선택하고
Customize Template 클릭한다.   *Internet HD 1080 NVENC 선택하면 렌더링 속도가 빠르다

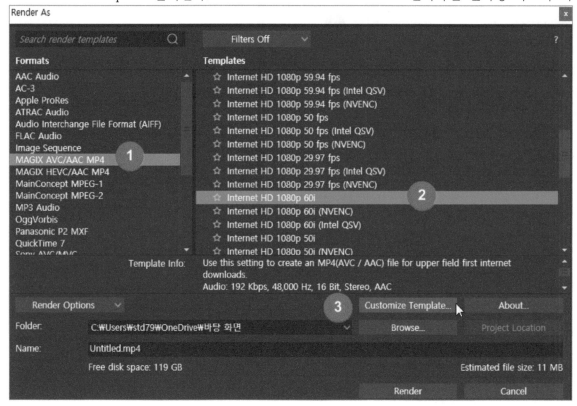

6. Frame rate: 59.950, Maximum: 20,000,000 Average: 14,000,000 선택하고,

Custom Settings - MAGIX AVC/AAC MP4   ?   ✕

Template: Internet HD 1080p 60i   💾 ✕

Notes: Use this setting to create an MP4(AVC / AAC) file for upper field first internet downloads.

Format: Audio: 192 Kbps, 48,000 Hz, 16 Bit, Stereo, AAC
Video: 29.970 fps, 1920x1080 Upper field first, YUV, 12 Mbps
Pixel Aspect Ratio: 1.000

☑ Include video   ☑ Enable progressive download

Frame size: HD 1080 (1920x1080)

Width: 1920   Height: 1080

☐ Allow source to adjust frame size

Profile: Main

Frame rate: 59.940   ①

☐ Allow source to adjust frame rate

Field order:

Pixel aspect ratio: 1.0000

Number of reference frames: 2   ☐ Use deblocking filter

○ Constant bit rate (bps):   768,000

◉ Variable bit rate   ☐ Two-pass

② Maximum (bps):   20,000,000   ③

Average (bps):   14,000,000   ④

Number of slices   4

Encode mode: Mainconcept AVC

Preset:

RC Mode: H264_VBR

Chroma subsampling: 4:2:0   Bits per pixel: 8

Video   Audio   System   Project

OK   Cancel

7. Project 선택하고, Vest, Template 에서 Youtube 수정하고 저장 누르고, OK 하면

8. Template 가 저장되어 차후에 재사용한다.

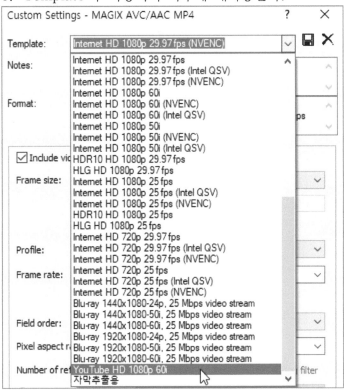

9. Name 에 파일 이름 적고, Render 누른다.

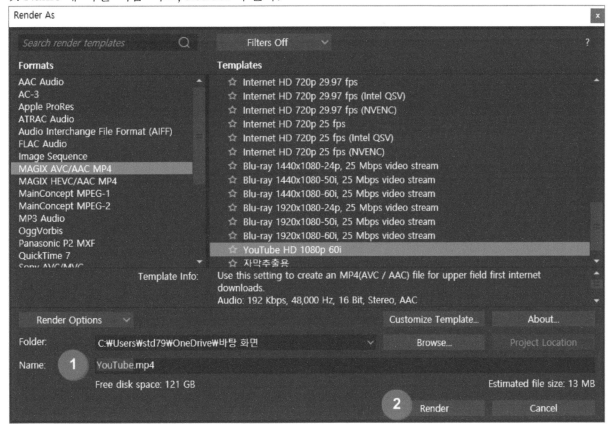

[9] Ignore Event Grouping-영상과 음성 분리

1. 촬영한 영상을 불러와 영상과 음성을 분리하려면, Ignore Event Grouping(Ctrl+Shift+U) 클릭하여 남색으로 활성화한다.

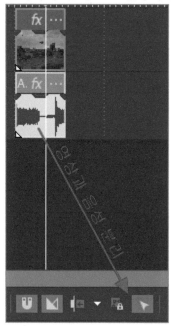

2. 음성 클립 선택하고 Delete 누르면 사운드 클립이 삭제된다.

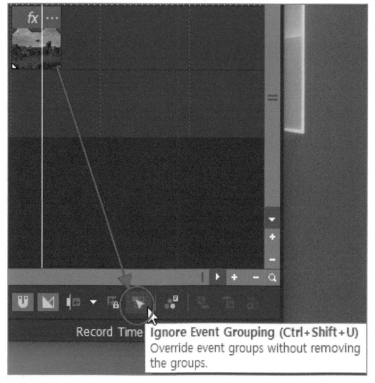

[10] 자동조절 자막바- ProType Titler, Save Preset

글자를 넣는 대로 자막바의 길이가 자동으로 늘고 주는 것 만들고 재활용하기위해 Plug-ins 에 저장하기

1. Media Generator 탭에서 [ProType Titler]를 트랙에 이동하고 Background -> Custom 선택한다.

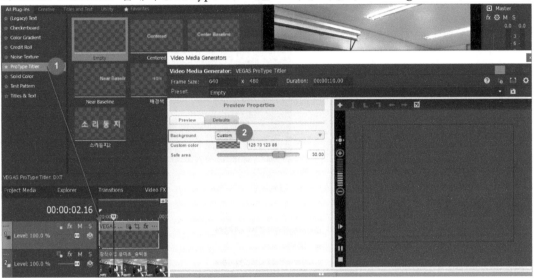

2. Add New Text Block 눌러 글자를 넣는다.

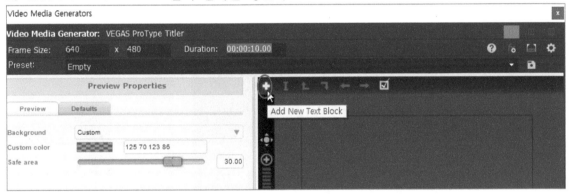

3. Font size: 1 로 적는다.

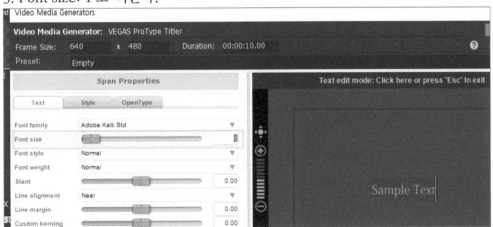

4. Background 선택하고, Color 클릭하여 (3)처럼 설정한다.

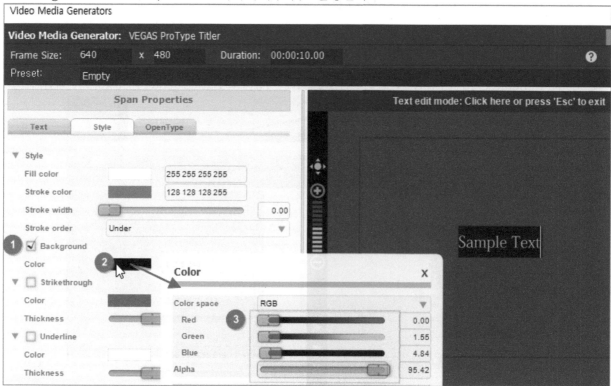

5. 글자를 더블클릭하여 넣고 Esc 키 누른다.

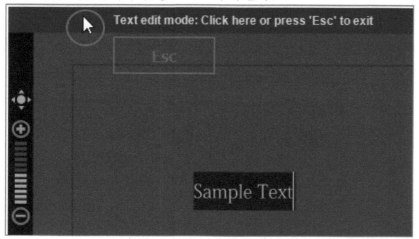

6. 자막을 넣고 Esc 키를 누른다.

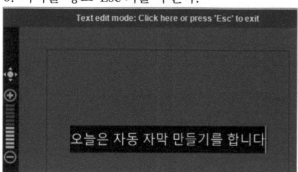

7. 미리보기 창을 보면 자막을 이동한다.

8. 클립을 선택하고 Ctrl 누르고 옆으로 드래그하여 추가한다.

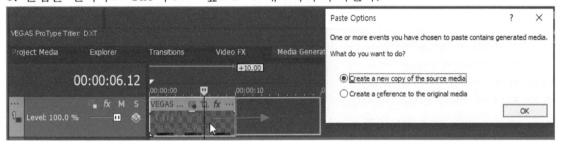

9. Generated Media 클릭한다.

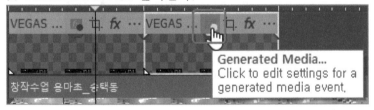

10. 새글자를 넣으면 글자 길이에 따라 자막마의 길이가 자동으로 늘어나고 줄어든다.

11. Save Preset

1) 자막바를 재활용하기위해 Preset 에 자동자막바 적고, Save Preset 눌러 저장한다.

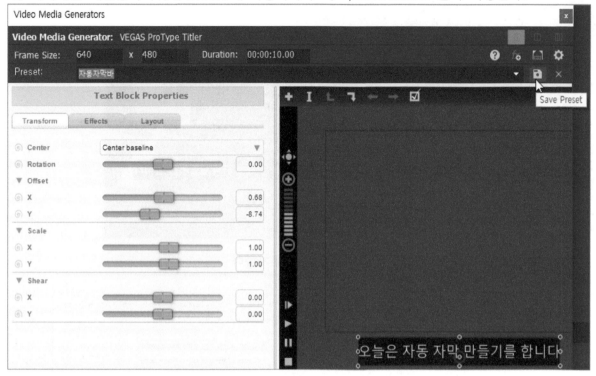

2) ProType Titler 예제 창에 자동자막바가 보이지않으면 다른 플러그인 이동했다가
ProType Titler 클릭하면 자동자막바가 보인다. 다른 영상에 활용하여 사용할수 있다.

[11] 템플릿(Template) 만들어 랜더링하고 자동자막 넣기

템플릿을 이용하여 렌더링을 쉽게하고 자동으로 자막 만들기

1. 음성 녹음한 영상을 불러와 트랙에 놓고, Render As 클릭하고, Magix AVC/AAC MP4,
   Internet HD 1080p 29.97fps (NVENC) 선택하고, Customize Template 클릭한다.

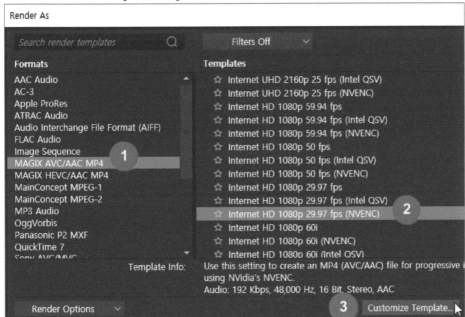

2. Templa 에 이름(자막추출용) 적고, Video 탭에서 Video bit rate 는 192.000 선택하고 .

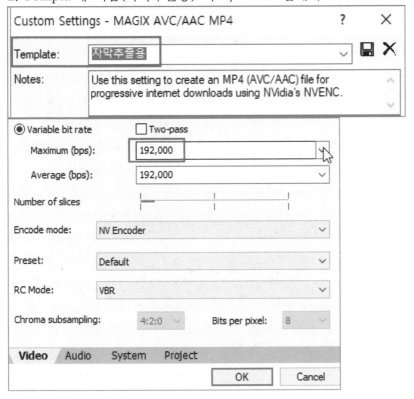

3. Project 클릭하고(1), Draft 선택하고(2) 저장(3) 클릭하고, OK 한다.

4. Templates 에 자막추출용 생기고, Folder, Name 적고 Render 누른다

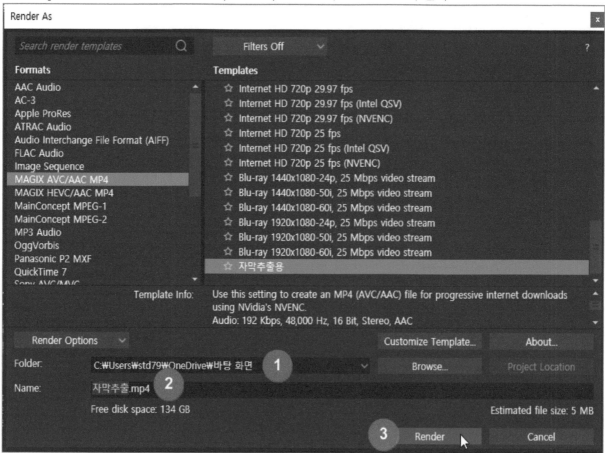

5. Vrew 프로그램 열고, [파일/새프로젝트 만들기] 클릭하여 자막 추출 파일을 불러와 자동으로
   자막을 만들고

6. 베가스로 자막 넣은 영상 파일을 불러와 트랙에 넣고 Properties 클릭하고,

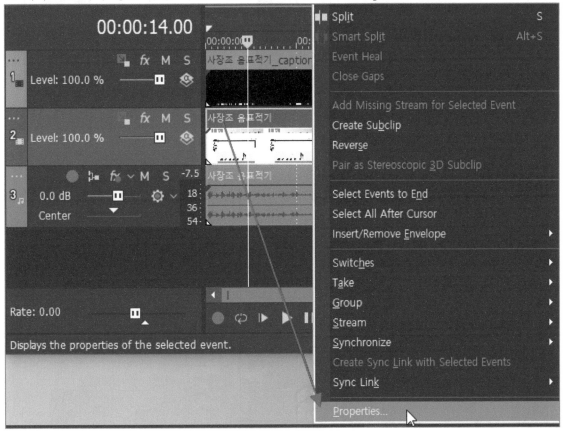

7. Alpha Channel 을 Premutipleid 로 설정하고 OK 하면,

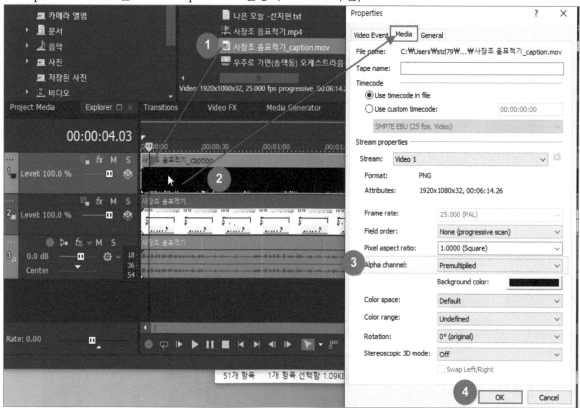

8. 영상에 자막이 보인다.

[12] Motion Tracker-Motion Tracking(모션 트래킹)

1. 영상에 Video FX 에서 Motion Tracker 클릭하고 드래그한다.

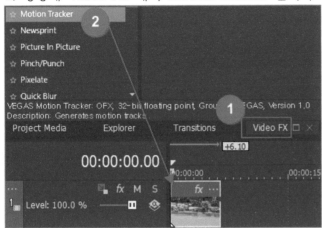

2. 크기를 조절한다.

3. Tools/Video/Motion Tracking(Alt+M) 클릭한다.

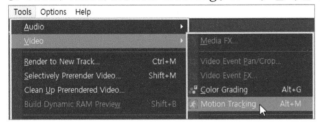

4. Track Both Directions 클릭하면 모든 방향의 움직임을 트래킹한다.

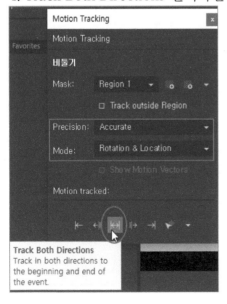

* Track Both Directions 은 양방향으로 움직임을 트래킹한다.

[13] ProType Titler(프로타이프 타이틀러)-글자에 테두리 넣기

1. Media Generators 를 클릭하고, 편집 효과 중 "ProType Titler" 선택하고
Empty 더블클릭하여 트랙에 넣고 Video Media Generators 창의 검은 바탕을 Double click 한다.

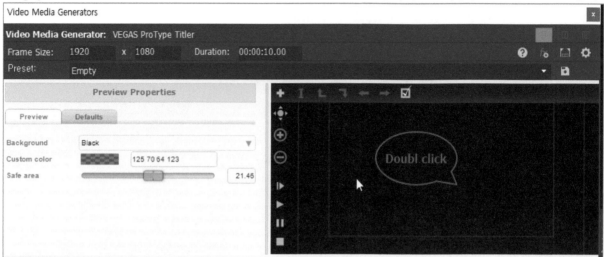

2. Sample Text 글자가 들어간다.

3. Backspace 키를 눌러 새글자를 넣고, Esc 키 누른다. Rotation 에서 글자를 회전한다.

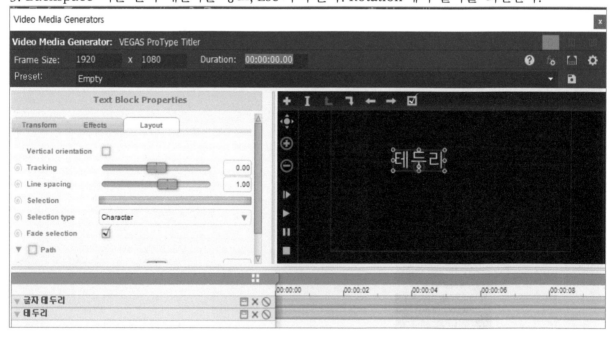

4. Transform 탭 누르고, Rotation 에서 글자를 회전하고, Offset 에서 상하좌우로 이동하고, Scale 에서 크기를 설정하고, Shear 에서 기울기를 설정한다.(조절점을 드래그해도 된다.)

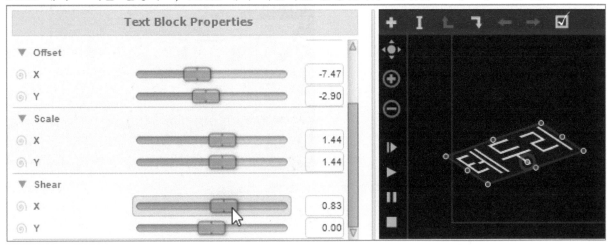

5. Esc 키를 눌러 **Transform** 탭에서 나온다.

6. **Preview** 탭에서 Background 의 Custom 선택하고 Custom color 클릭하여 바탕색을 정한다. Safe area 에서 보이는 영역을 정한다.

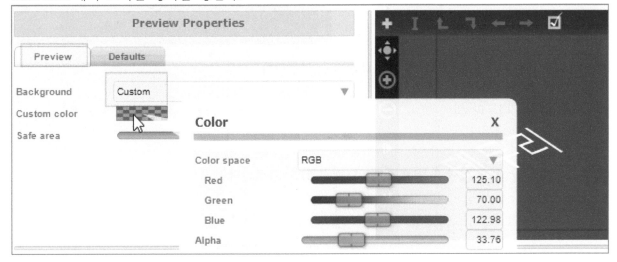

7. Add New Text Block 클릭하여 글자를 넣고, Pan 클릭하여 위치를 이동한다.

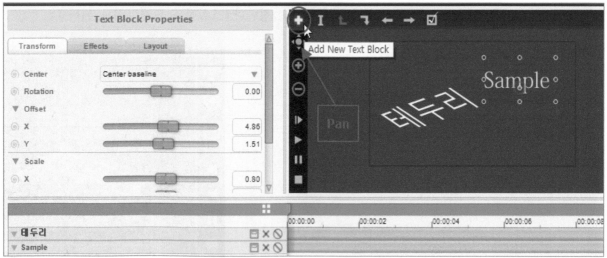

8. ProType Titler 의 Empty 를 트랙에 넣고, Add New Text Block(+) 클릭하여 [Style]탭에서 글자에 테두리를 입히기 한다.
*글자에 테두리를 넣고자 하면, 글자(Sample Text)를 더블클릭하여 Span Properties 창에서 작업한다.

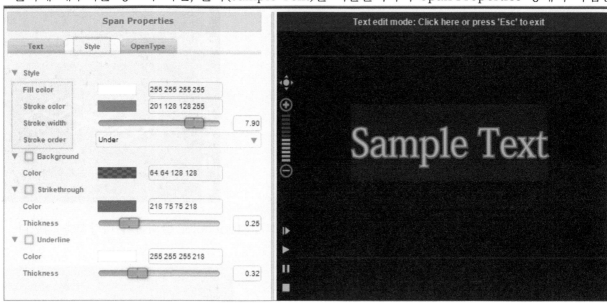

* Span Properties 창의 Style 탭에서 테두리를 편집한다.
Fill color : 글자 색
Stroke color : 테두리 색
Stroke width : 테두리 굵기

글자에 "음영"을 넣고 싶다면 "Backgroud"(배경색)을 설정한다

[14] 서라운드 자동 만들기-Surround Pan Keyframes

스테레오 음악을 Automation Settings를 이용하여 서라운드 음악으로 자동 만들기
스테레오 사운드를 서라운드 사운드로 자동으로 만들기위해 Automation Settings을 클릭하고,
재생하면서 서라운드 슬라이더를 움직이면 움직인대로 기록이 된다.

1. [Insert/Audio Envelopes/Surround Pan Keyframes(Shift+P)] 클릭한다.

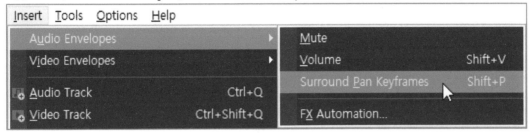

2. Automation Settings으로 서라운드 효과 자동으로 만들기
 1) 오디오트랙에서 Automation Settings를 활성화(청색)한다.
 2) 사운드를 재생하고 Surround Pan(적색 마름모)을 좌우상하로 드래그한다.
 3) 이벤트 아래에 움직인대로 서라운드 효과가 기록된다.

[15] Automation Settings-Touch(실시간 소리 조절)

소리를 들어가면서 소리의 양과 스테레오 효과를 실시간으로 소리를 조절하여 기록하기

1. Automation Settings 버튼을 눌러 활성화한다.

2. 재생을 하고 Volume Slider를 움직이면 보라색 선이 위 아래로 기록이 된다.

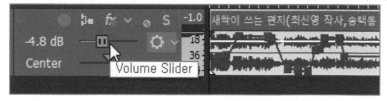

3. 재생을하고 Pan Slider를 움직이면 자주색 선이 위 아래로 기록이 된다.

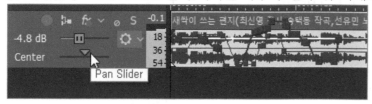

4. 소리 조절을 다시 하려면, 오디오트랙에서 우마우스 누른 후
   [Reset All] 클릭하면 곡선이 사라진다.

[16] Audio Envelopes-Volume, Pan

오디오 소리를 선을 넣어 볼륨과 스테레오 효과를 변화 있게 주기

1. 전체 볼륨 조절하기-Gain
 1) 소리가 너무 커서 빨간 부분이 위에 생기면,

 2) 오디오 클립의 Gain(하얀선)을 아래로 내리면 소리가 작아진다.

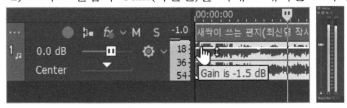

2. Volume: 음량에 변화 주기: [Insert/Audio Envelopes-Volume(Shift+V)] 클릭하고,
   보라색 선을 드래그 하여 움직이고 더블클릭하여 곡선을 만든다.

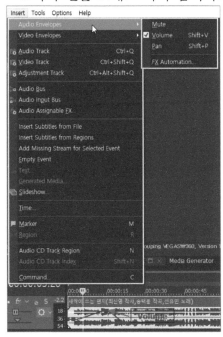

4. Pan: 좌우 소리 변화주기: [Insert/Audio Envelopes-Pan(Shift+P)] 클릭하고,
   자주색 선을 드래그 하여 움직이고 더블클릭하여 곡선을 만든다.

[17] Text To Speech(자막을 음성으로 바꾸기)

1. [Tools/Text To Speech] 클릭한다.

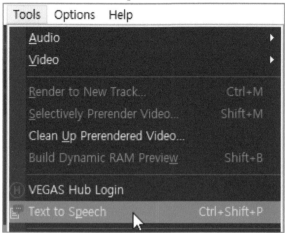

2. OK 한다.

3. 메일주소 적어 로그인한다.

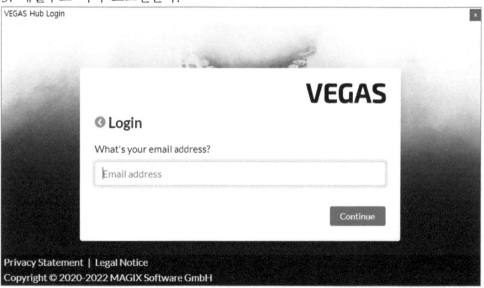

[18] Nested Timeline-클립(이벤트)을 중첩하기

트랙에 있는 여러 이벤트를 하나의 이벤트로 중첩하여 포장한다.

1. 비디오트랙에 2개 클립을 불러와서(1), [Created Nested Timeline(Alt+C)] 누른다.(2)

2. 새소리로 전체 포장으로 저장한다.

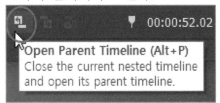

3. 새소리_1 로 저장한다.

4. 중첩하여 포장한 클립을 풀기 위해 Open Parent Timeline(Alt+P) 클릭하면 각각의 클립이 다시 분리되어 보인다.

5. 포장한 Nested Timeline 클립에 다른 클립을 겹쳐도 이벤트 비디오 효과는 적용이 된다.

[19] Open In Trimmer-트리머 창의 클립 이동

트리머 창에서는 긴 영상과 클립을 모니터하고 편집하여 타임라인에 이동할 수 있다.

1. 클립을 선택하고 우마우스로 [Open In Trimmer] 클릭하면 Trimmer 창이 열린다.

2. 트리머 창의 부분을 드래그로 선택하고 [Add to Timeline from Cursor(A)]클릭하면
   트랙에 선택한 클립이 생긴다.

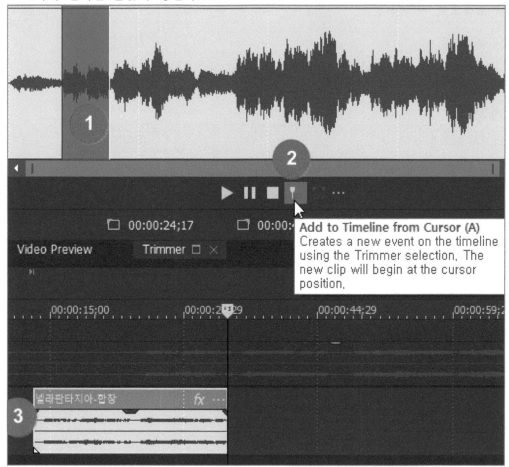

3. 1) Explore 창을 열고
   2) 넬라판타지아 파일을 넣고,
   3) [Alt+2] 클릭하여 트리머 창을 열고 시작에서 [I,] 끝에서 [O]를 클릭하여 범위를 정하고,
   4) [A]를 클릭하면 트랙창으로 선택한 부분이 이동한다.

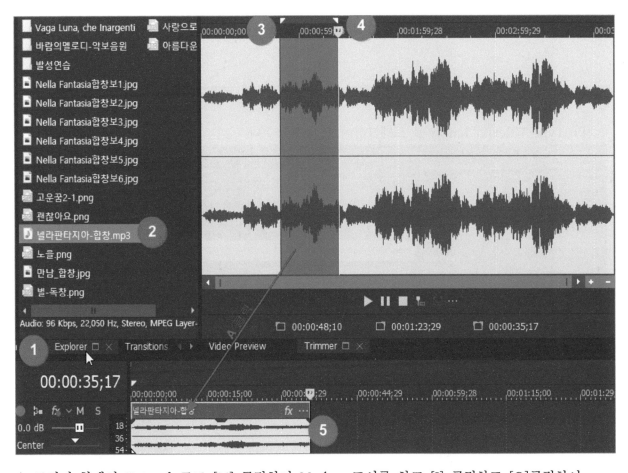

4. 트리머 창에서 Enter 누르고 [M] 클릭하여 Marker 표시를 하고 [I] 클릭하고 [O]클릭하여 범위를 정한다.

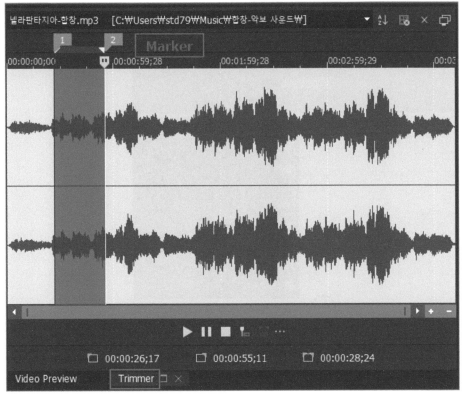

[20] ProType Titler_Plug-ins, Collection 저장과 재활용

Collection 에서 만든 플러그인을 편집하여 ProType Titl 에 저장하고 재활용하기

1. [ProType Titler]의 Empty 를 드래그하여 트랙에 놓는다.

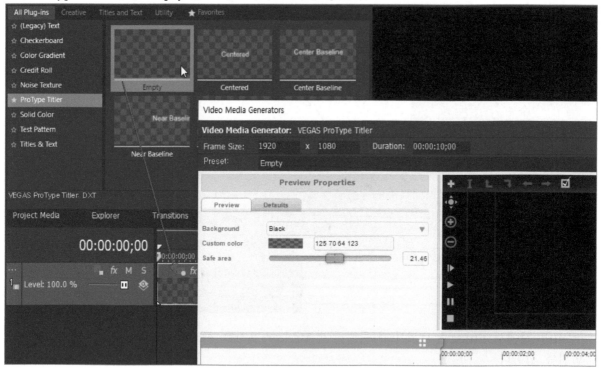

2. Collection 클릭하고 Duration 에 영상 길이(10 초)를 정한다.

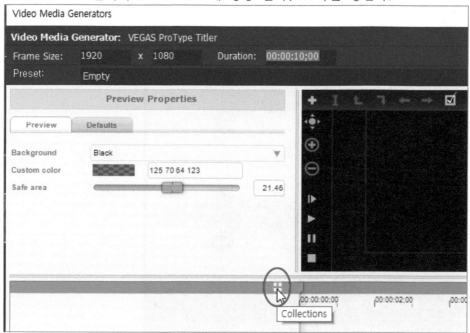

3. Collection 메뉴중 [Rolling Glow & Enlarge] 선택하고 클릭하면 작은 원이 주위에 생긴다.

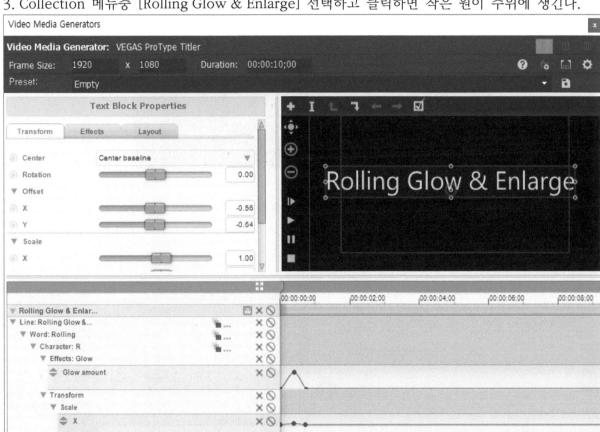

4. [Rolling Glow & Enlarge] 더블클릭하고 드래그하여 선택한다.

5. 메모장에 소리둥지 적고 복사하여 붙이기를 한다.

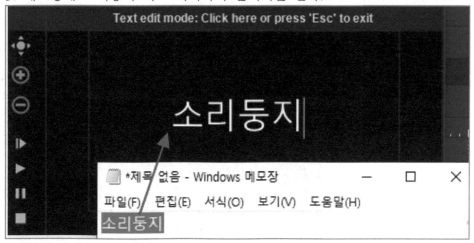

6. [Gradient fill](1) 선택하고 색깔을 선택(2)한다.

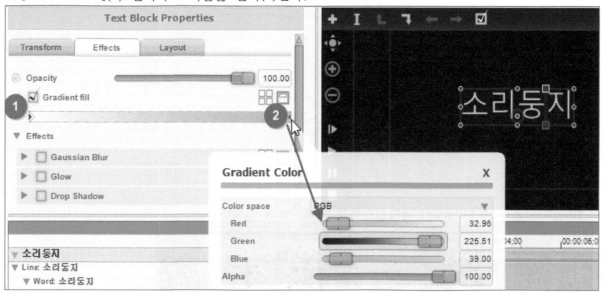

7. Glow 선택하고 테두리에 색을 넣는다.

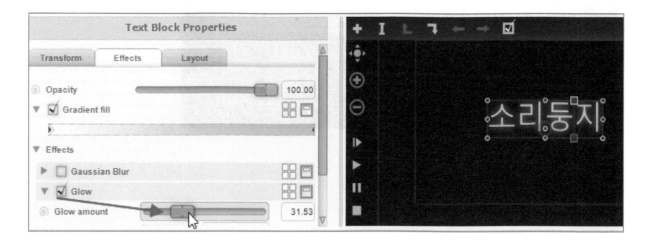

8. [Shift+Space] 눌러 재생해본다.

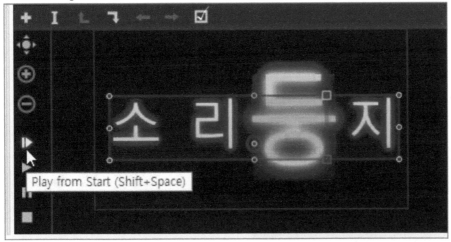

9. Tracking 에서 자간을 늘린다.

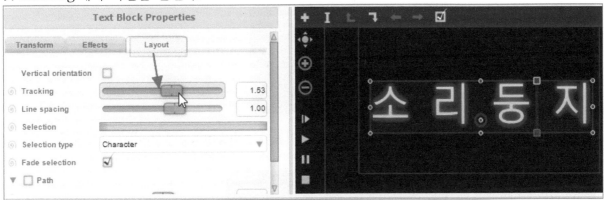

10. '소리둥지 2'로 적고 Save Preset 눌러 저장하면

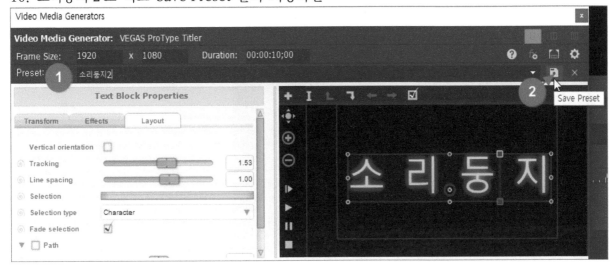

11. [ProType Titler]의 Plug-ins 예제에 저장이 된다.

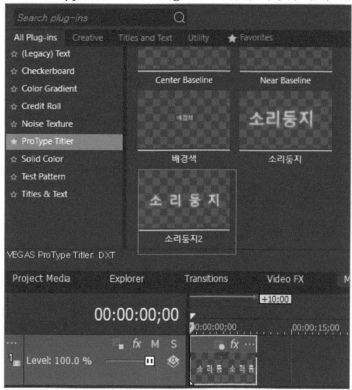

12. [ProType Titler]의 Plug-ins 예제를 트랙에 이동하고, [Generated Media] 클릭하여
    다른 글자를 넣어 재활용한다.

[21] 줌인(Zoom in 부분 확대)- Event Pan/Crop

영상의 일부분을 확대하기

1. [Event Pan/Crop] 클릭한다.

2. 사이드에 블랙화면이 나오면 설정을 한다.

3. 키프레임을 처음 넣기 위해 [+] 누르거나, Insert 누른다, 1 초후에 키프레임을 다시 넣어
   F 화면을 안으로 드래그하여 확대한다.

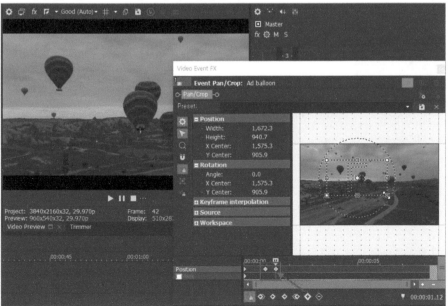

4. Lock Aspect Ratio 를 키면(남색) 같은 비율로 확대 축소가 된다.

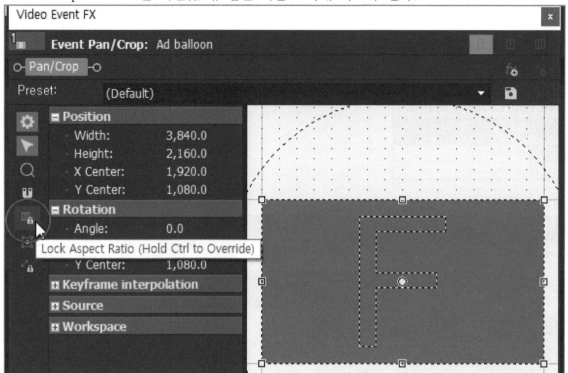

[22] Audio Envelopes- Volume, Pan

오디오 소리를 선을 넣어 볼륨과 스테레오 효과를 변화 있게 주기

1. 전체 볼륨 조절하기-Gain
 1) 소리가 너무 커서 빨간 부분이 위에 생기면,

 2) 오디오 클립의 Gain(하얀선)을 아래로 내리면 소리가 작아진다.

2. Volume: 음량에 변화주기

[Insert/Audio Envelopes-Volume(Shift+V)] 클릭하고, 보라색 선을 드래그하여 움직이고
더블클릭하여 곡선을 만든다.

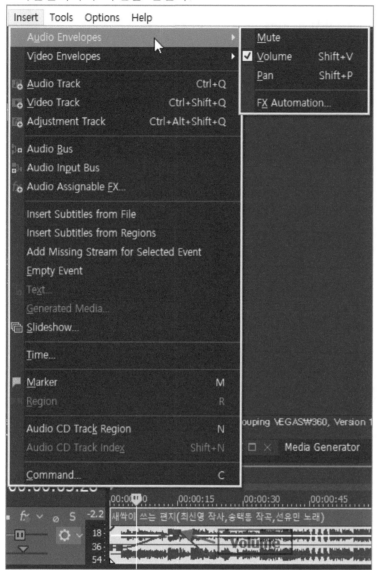

3. Pan: 좌우 소리 변화주기

[Insert/Audio Envelopes-Pan(Shift+P)] 클릭하고, 자주색 선을 드래그하여 움직이고
더블클릭하여 곡선을 만든다.

[23] ProType Titler(프로타이프 타이틀러)-글자에 테두리 넣기

1. Media Generators 를 클릭하고, 편집 효과 중 "ProType Titler" 선택하고 Empty 더블클릭하여

트랙에 넣고 Video Media Generators 창의 검은 바탕을 Double click 한다.

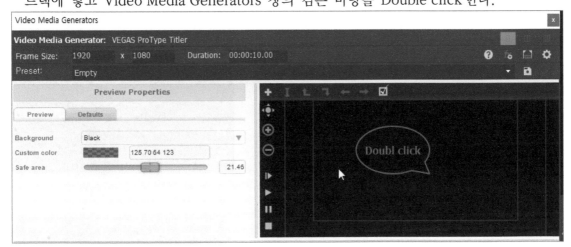

2. Sample Text 글자가 들어간다.

3. Backspace 키를 눌러 새글자를 넣고, Esc 키 누른다. Rotation 에서 글자를 회전한다.

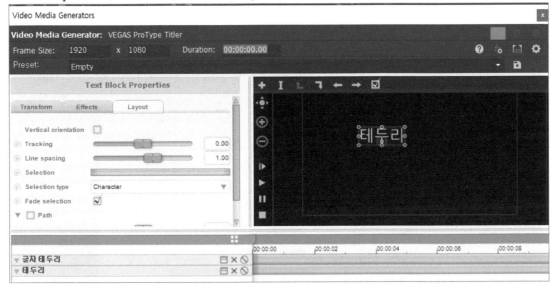

4. Transform 탭 누르고, Rotation에서 글자를 회전하고, Offset에서 상하좌우로 이동하고,
Scale에서 크기를 설정하고, Shear에서 기울기를 설정한다. (조절 점을 드래그 해도 된다.)

55

4. Transform 탭 누르고, Rotation에서 글자를 회전하고, Offset에서 상하좌우로 이동하고,
Scale에서 크기를 설정하고, Shear에서 기울기를 설정한다. (조절 점을 드래그 해도 된다.)

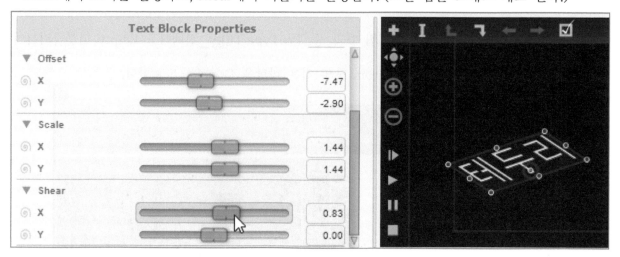

5. Esc 키를 눌러 **Transform** 탭에서 나온다.

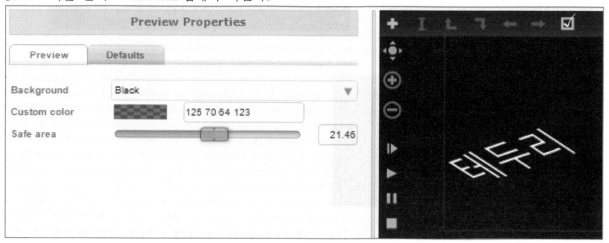

6. **Preview** 탭에서 Background 의 Custom 선택하고 Custom color 클릭하여 바탕색을 정한다.
Safe area 에서 보이는 영역을 정한다.

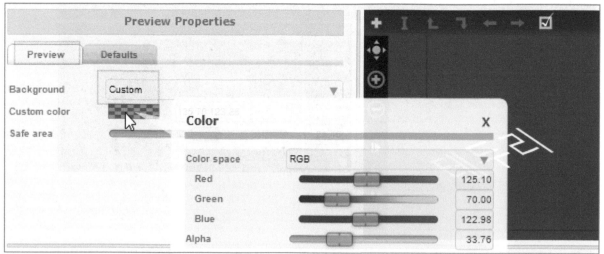

7. Add New Text Block 클릭하여 글자를 넣고, Pan 클릭하여 위치를 이동한다.

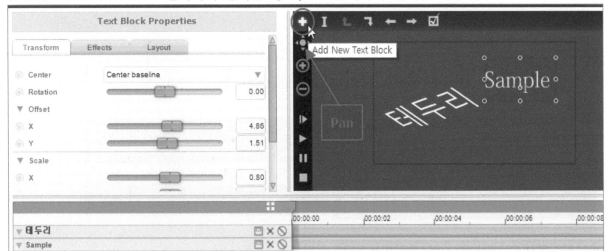

8. ProType Titler 의 Empty 를 트랙에 넣고, Add New Text Block(+) 클릭하여 [Style]탭에서
   글자에 테두리를 입히기 한다.
*글자에 테두리를 넣고자 하면, 글자(Sample Text)를 더블클릭하여 Span Properties 창에서 작업한다.

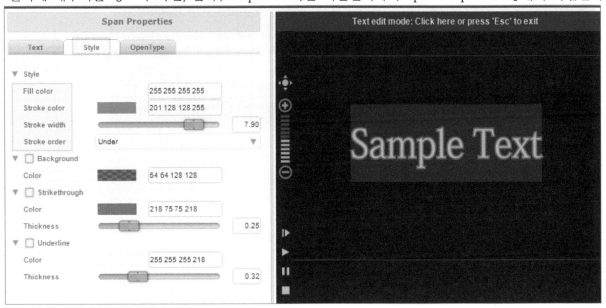

* Span Properties 창의 Style 탭에서 테두리를 편집한다.
Fill color : 글자 색
Stroke color : 테두리 색
Stroke width : 테두리 굵기

글자에 "음영"을 넣고 싶다면 "Backgroud"(배경색)을 설정한다

[24] 서라운드 자동 만들기-Surround Pan Keyframes

스테레오 음악을 Automation Settings를 이용하여 서라운드 음악으로 자동 만들기

1. [Insert/Audio Envelopes/Surround Pan Keyframes(Shift+P)] 클릭한다.

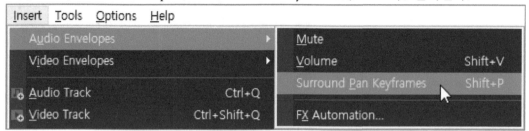

2. Automation Settings으로 서라운드 효과 자동으로 만들기
 1) 오디오트랙에서 Automation Settings를 활성화(청색)한다.
 2) 사운드를 재생하고 Surround Pan(적색 마름모)을 좌우상하로 드래그한다.
 3) 이벤트 아래에 움직인대로 서라운드 효과가 기록된다.

[25] 더빙(Dubbing)

동영상을 불러와서 오디오 지우고 반주음악(MR)불러와 노래 녹음하기

1. 동영상을 불러온다.

2. 동영상을 클릭한 뒤에 [Ctrl+Shift+U]를 누르면 영상 부분과 음성 부분이 분리가 된다.

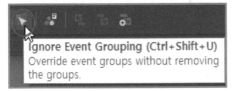

3. 오디오 트랙을 선택하고 [Ctrl+X]를 누르면 트랙이 지워진다.

4. 오디오 트랙에서 [Arm for Record] 선택하고 Record(Ctrl+R) 눌러 녹음한다.

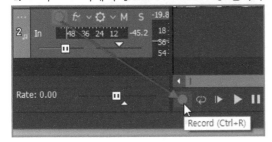

5. 녹음 파형이 잘 안보이면, 우클릭-〉[Switches-〉Normalize] 누른다.

6. 반주음악(MR)을 오디오 트랙3에 불러오고 노래를 오디오 트랙2에 녹음하고, Solo 눌러 노래만 들어본다.

[26] Open In Trimmer-트리머창의 클립 이동

1. 클립을 선택하고 우마우스로 [Open In Trimmer] 클릭하면 Trimmer 창이 열린다.

2. 트리머 창의 부분을 드래그로 선택하고 [Add to Timeline from Cursor(A)]클릭하면 트랙에
   선택한 클립이 생긴다.

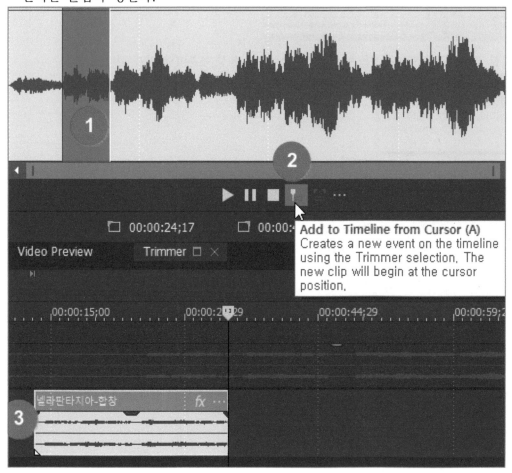

3. 1) Explore 창을 열고
   2) 넬리판차지아 파일을 넣고,
   3) [Alt+2] 클릭하여 트리머 창을 열고 시작에서 [I,] 끝에서 [O]를 클릭하여 범위를 정하고,
   4) [A]를 클릭하면 트랙창으로 선택한 부분이 이동한다.

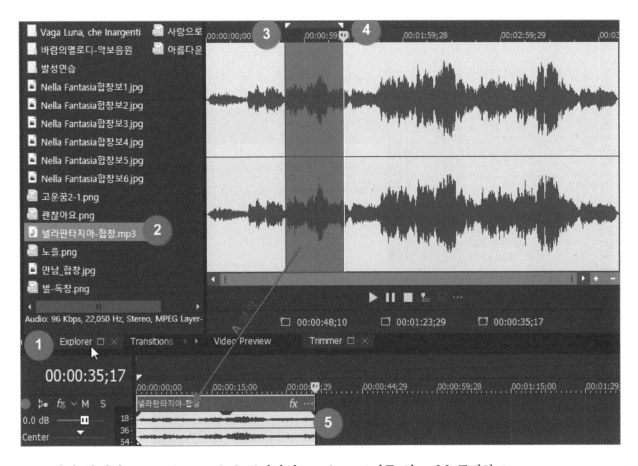

4. 트리머 창에서 Enter 누르고 [M] 클릭하여 Marker 표시를 하고 [I] 클릭하고
   [O]클릭하여 범위를 정한다.

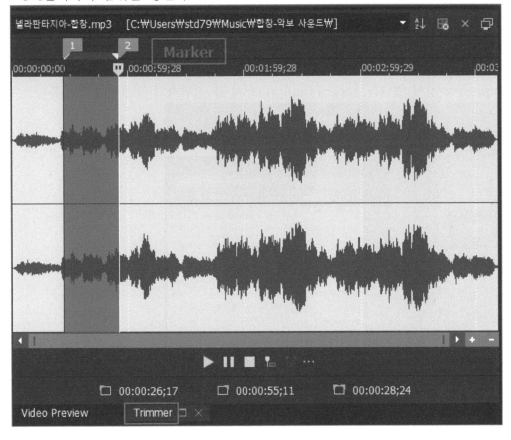

[27] Track Compressor, Plug-In chain로 오디오 효과내기

1. 오디오트랙에서 [Track FX] 누르고, Audio Track FX 창이 보이면,
[Plug-In chain] 클릭하여 [Wave Hammer Surround] 더블클릭하여 OK 한다.

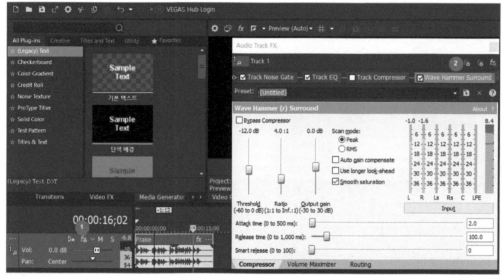

2. Track Compressor

베가스에서 기본적으로 트랙에서 활성화 돼있는 컴프레셔, 특정 소리크기 이상을 압축한다.
1)Threshold - 기준 소리 크기 2)Ratio - 압축 비율 3)Attack - Threshold 위로 올라가면 얼마나 빨리
반응 4)Release - Threshold 밑으로 내려가면 빨리 복귀하기 오디오트랙에서 [Track FX] 클릭하면
Audio Track Compressor 창이 열린다. [Track Compressor] 를 선택하고 재생하여 들어본다.

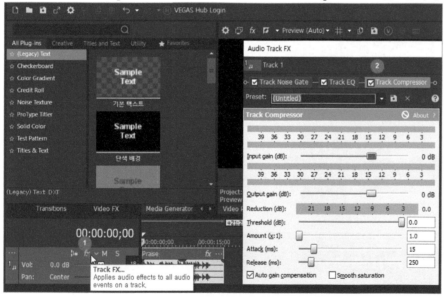

[28] Automation Settings-Touch(실시간 소리 조절)

소리를 들어가면서 소리의 양과 스테레오 효과를 실시간으로 소리를 조절하여 기록하기

1. Automation Settings 버튼을 눌러 활성화한다.

2. 재생을 하고 Volume Slider 를 움직이면 보라색 선이 위 아래로 기록이 된다.

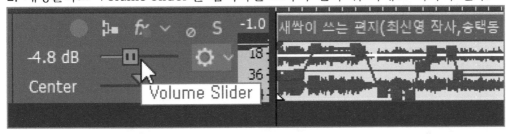

3. 재생을 하고 Pan Slider 를 움직이면 자주색 선이 위 아래로 기록이 된다.

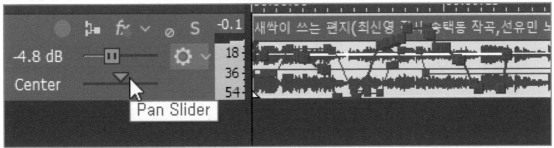

4. 소리 조절을 다시 하려면, 오디오트랙에서 우마우스 누른 후 [Reset All] 클릭하면
   곡선이 사라진다.

[29] Video Bus Track, Motion Blur Amount

영상에 블러 효과를 내기

1. 영상을 트랙에 불러온 후, [View/Video Bus Track: Ctrl+Shift+B] 클릭한다.

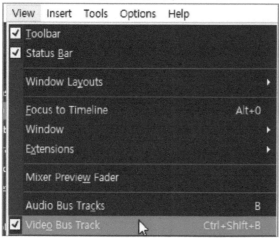

2. Video Bus Track 에서 [Insert/Remove Envelope->Motion Blur Amount] 클릭한다.

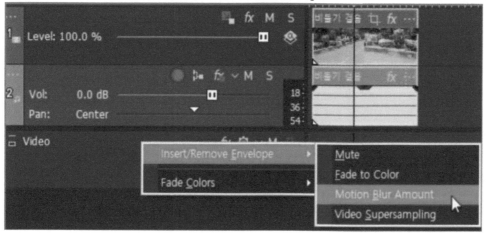

3. Blur, 뿌연 영상이 생긴다.

[30] 반투명 네모 박스에 말자막 만들기

1. Media Generator 탭에서 [Solid Color]의 Black 을 트랙에 드래그한다.

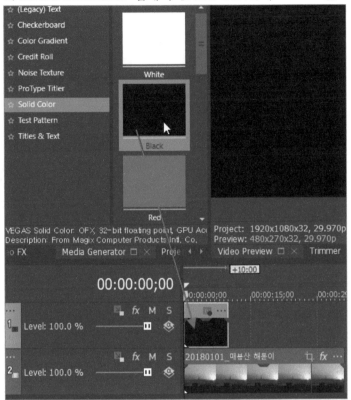

2. [Event Pan/Crop] 클릭하여 Mask 선택하고 네모툴 클릭하여 작업장에 그린다.

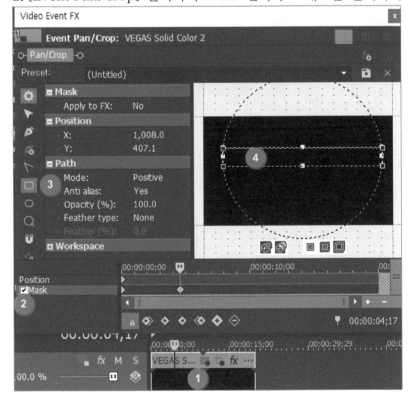

3. [Title & Text] 드래그하여 트랙에 놓고. 글자을 적고 크기는 20, Tracking 은 1 로 하여
   자간을 줄인다.

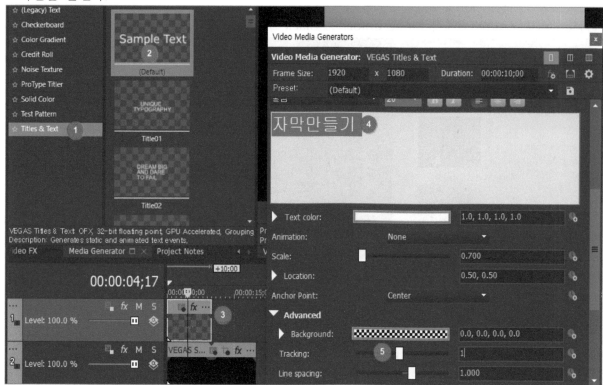

4. 검정네모박스 트랙의 Opacity 를 53%로 반투명하게 한다.

[31] ProType Titler_Plug-ins, Collection 저장과 재활용

Collection 에서 만든 플러그인을 편집하여 ProType Titler 에 저장하고 재활용하기
1. [ProType Titler]의 Empty 를 드래그하여 트랙에 놓는다.

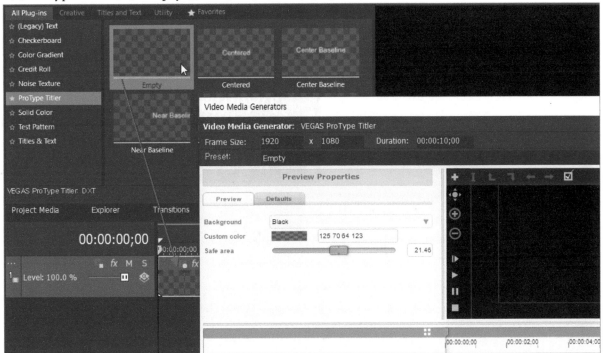

2. Collection 클릭하고 Duration 에 영상 길이(10 초)를 정한다.

3. Collection 메뉴중 [Rolling Glow & Enlarge] 선택하고 클릭하면 작은 원이 주위에 생긴다.

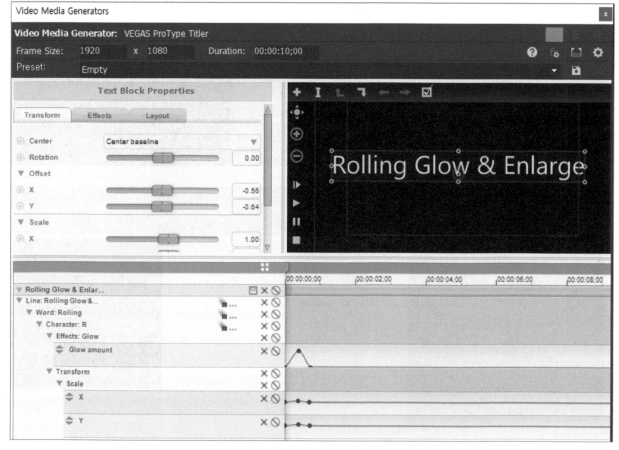

4. [Rolling Glow & Enlarge] 더블클릭하고 드래그하여 선택한다.

5. 메모장에 소리둥지 적고 복사하여 붙이기를 한다.

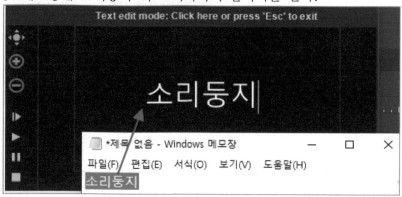

6. [Gradient fill](1) 선택하고 색깔을 선택(2)한다.

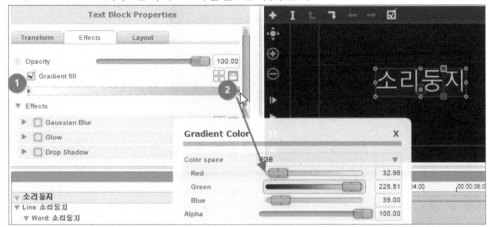

7. Glow 선택하고 테두리에 색을 넣는다.

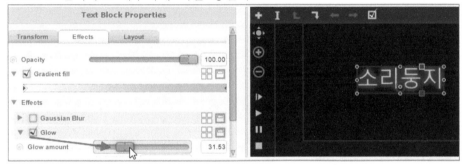

8. [Shift+Space] 눌러 재생해본다.

9. Tracking 에서 자간을 늘린다.

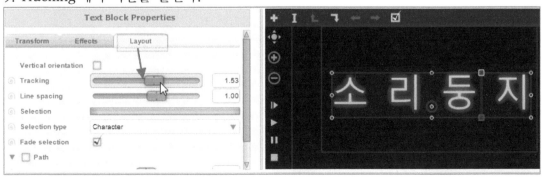

10. '소리둥지 2'로 적고 Save Preset 눌러 저장하면

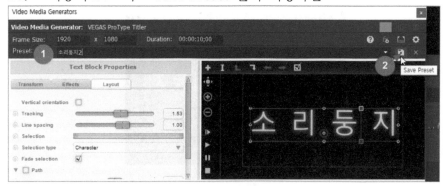

11. [ProType Titler]의 Plug-ins 예제에 저장이 된다.

12. [ProType Titler]의 Plug-ins 예제를 트랙에 이동하고, [Generated Media] 클릭하여
다른 글자를 넣어 재활용한다.

[32] 단축키(Shortcuts) 모음

그룹 묶기: Shift + G

끝점 표시 : O(Out)

녹음 시작 : Ctrl + R

녹음 준비 : Ctrl + Alt + R

마커 만들기: M

마커 이동하기: Ctrl+좌우 방향키

모든 미디어 클립 선택 : Ctrl + A

모든 클립 선택 : Ctrl + L

복사하기 : Ctrl + C 또는 Ctrl + Insert

붙여넣기 : Ctrl + V

붙여넣기(반복) : Ctrl + B (Ctrl+C 로 복사 한 후 사용)

붙여넣기(중간) : Ctrl + Shift + V (Ctrl+C 로 복사 한 후 사용)

비디오 트랙 추가: Ctrl + Shift + Q

삭제하기 : Del

선택 영역 재생 : Space bar

슬로우 재생: K + J

시작점 표시 : I(In)

오디오 Mixing Console 창 열기 : Ctrl + Alt + 5

오디오 트랙 추가: Ctrl + Q

오디오 파형 보기 / 숨기기 : Ctrl + Shift +W

오려내기 : Ctrl + X 또는 Shift + Del

이벤트 묶기: G

이벤트(클립) 처음으로 이동: Home

이벤트 전체 선택(렌더링 전 이벤트 전체 선택): Double Click

자르기(Split) : S

잘라내기(Trim) : Ctrl + T

재생/정지 (토글) : Space bar

재생 중 정지(Pause) : Enter

재생하기(처음) : Shift + Space bar

재실행하기 : Ctrl + Y

취소하기 : Ctrl + Z

툴 선택하기(이전) : D

툴 선택하기(이후) : Shift + D

Audio Bus Track : B 토글키

Auto Ripple(오토리플): Ctrl+L-이벤트를 삭제했을 때 공간없이 붙이는 기능

Automatic Crossfade(디졸브 영상 겹치기): Ctrl+Shift+X

Color Grading: Alt+G

Cursor Position(커서 포지션): Ctrl+G-에디터라인

Device Explore 창 열기: Ctrl + Alt + 6

Edit Details 창 열기 : Ctrl + Alt + 4

Explorer 창 열기 : Alt + 1
Group 묶음: G
Group 해제: U
Ignore Event Grouping(비디오 사운드 분리) : Ctrl + Shift +U
Loop Playback : Q
Mater Bus 창 열기 : Alt + 3
Media Generators 창 열기 : Alt + 9
Next Frame(다음 프레임으로 이동) : Alt+Right
Next Marker(다음 마커로 이동) : Ctrl+Right
Normal Edit Tool 선택하기 : Ctrl + D
Pan(패닝: P) : Shift+P - 스테레오 효과
Paste Insert(영상 삽입): [Ctrl+Shift+V]-Auto Ripple 키고 커서를 놓고 누르면 영상이 삽입
Pause(일시 정지) : Enter
Play : Space bar 누르고 다시 누르면 그 자리에서 재생하기
Play from Start: Shift+Space bar
Plug In Manager 창 열기 : Ctrl + Alt + 1
Preview (미리보기 창) 열기 : Alt + 4
Previous Frame(이전 프레임으로 이동) : Alt+Left
Previous Marker(다음 마커로 이동) : Ctrl+Left
Project Media 창 열기 : Alt + 5
Project Note 창 열기 : Alt + 6
Project Video Properties 창 열기 : Alt + Enter
Render As(Render to New Track-렌더링) : Ctrl+M
Split(이벤트 자르기-이벤트 구간 분할하기) : S
Surround Planner 창 열기 : Ctrl + Alt + 3
Stop : Esc
Text To Speech : Shift + B-음성을 자막으로 바꾸기
Track Name(트랙 이름): F2-트랙을 선택하고 F2 클릭하여 트랙 명을 넣기
Track 묶음, 해제 : B
Transition 효과 창 열기 : Alt + 7
Trim End : Alt+] - 커서가 있는 곳의 뒤의 클립이 삭제된다.
Trim Start : Alt+[- 커서가 있는 곳의 앞의 클립이 삭제된다.
Trim(트림) : [Ctrl+T] 누르면 선택한 부분만 남는다. 이벤트 선택한 구간 외 삭제
Trimmer 창 열기 : Alt + 2
Video Bus Track : Ctrl + Shift + B
Video FX 효과 창 열기 : Alt + 8
Video Preview(미리보기 창 열기) : Alt+4
Video Scopes 창 열기 : Ctrl + Alt + 2
Volume(음량: V) : Shift+V - 남색선 위에 키프레임 넣어 음량의 변화를 주기

[33] 장면전환(트랜지션) 효과, 사진들로 동영상 만들기

장면 전환(트랜지션: Transitions)은 영상과 영상 사이의 장면이 변하는 효과이다.
사진들을 불러와서 장면전환 효과를 넣어 동영상 만들기

1. 오른쪽에 Trim Event Start 라는 풍선도움말이 뜨면 마우스를 우클릭한다.

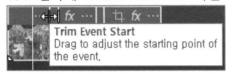

2. 우클릭해서 나오는 메뉴에서 Transition Properties 를 클릭한다.

3. 적용했던 트랜지션을 수정하거나 효과를 추가하고자 할 경우에도 이 메뉴로 들어간 뒤 작업한다.

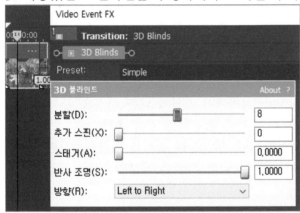

4. 탐색 창에서 Transitions 의 하위 폴더 중 Vegas 폴더에 모든 트랜지션 효과가 들어 있다.
   Vegas 폴더를 클릭한 뒤 우측에 나열되어 있는 여러 트랜지션 효과 중 원하는 효과를 선택하고,
   Add 및 Ok 버튼을 눌러주면 트랜지션 효과가 적용된다

5. 동영상의 첫번째 영상 클립과 두번째 영상 클립을 이어주는 트랜지션 효과로 들어간
   Vegas Star Wipe 의 선택 순서이다.

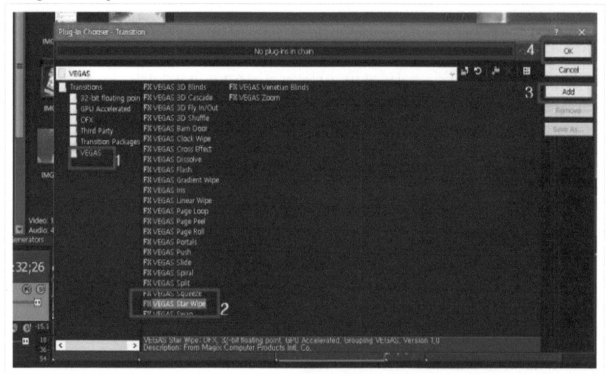

6. 효과를 겹친 부분에 놓으면 video event fx 창이 뜨며, 거기에서 효과에 대한 설정을 할 수 있다.
트랜지션 구간을 확인하기 위해 마커를 움직이는 것보단 룰러를 활용하는 것이 좋다.
룰러는 위에 사진에서 노란 삼각형 2개로 구간을 설정한 것을 말하는데 룰러를 더블클릭하면
그 부분만 활성화되며 플레이 버튼을 누르면 그 시작점부터 끝점 까지만 재생이 된다. 구간
확인용으로 용이하다.

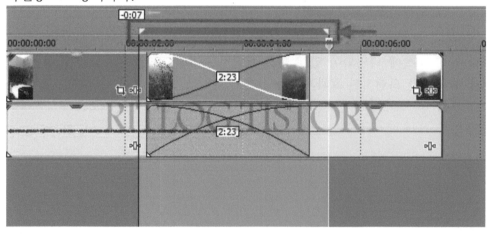

7. 사진들을 불러와서 동영상 만들기
 1)사진이 보여지는 시간을 조절하려면
타임라인에 불러온 사진의 끝부분에 마우스를 대고,
좌, 우로 드래그해서 사진의 노출시간을 조절한다.

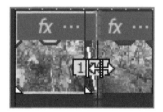

2) 사진 노출시간, 장면 전환 시간 정하기
- 사진 노출 시간 정하기(New still image length)
불러온 사진이 많으면 일괄적으로 사진의 노출시간을 똑같이 조절 하기 위해, 메뉴에서 Options 》
Preferences 클릭하고, [Editing] 탭의 [New still image length]에서, 사진 노출시간(1)을 지정한다.
- 장면전환 시간 정하기(Cut-to-Overlap)
사진을 타임라인에 일괄적으로 불러 왔을 때 기본적으로 사진과 사진이 사진이 겹치는 시간을
Cut-to-Overlap 에서 정한다.

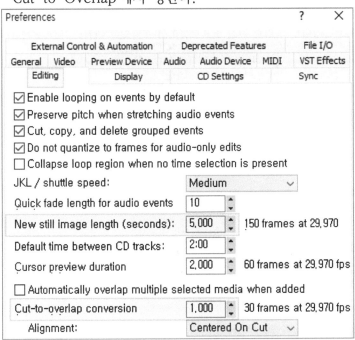

[34] 3D Six-Pack 장면전환 플러그인

Pixelan 플러그인 중 3D Six-Pack 플러그인에는 기본 6 개로 200 가지 효과를 적용시킬 수 있다.

1. 3D Six-Pack 설치하기:
 1) (Pixelan 홈페이지에서 다운) https://www.pixelan.com/3d/thankyou-dl.htm 들어가서
 2) VEGAS Pro 또는 VEGAS Movie Studio(v11 이상) 클릭하여 다운 받아 설치한다.

> **Windows XP/Vista/7/8/10 및 이전 버전 또는 32비트 비디오 편집 소프트웨어와 호환되는 버전:**
> **3D Six-Pack™ 데모(~3-6MB)**
> * **Adobe Premiere Pro(CS5-CC) 또는 Adobe Premiere Elements v11 이상(64비트)용.**
> * **Adobe Premiere Pro(CS4) 또는 Adobe Premiere Elements v11 이상(32비트)용.**
> * **VEGAS Pro 또는 VEGAS Movie Studio(v11 이상) 용**

2. 3D Six-Pack 을 설치하면 Trasitions 메뉴에 보인다.

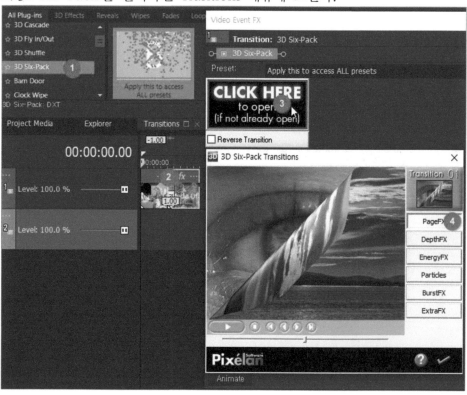

1) 사진들을 타임라인에 불러오고, Ctrl+A 눌러 전체 선택한다. Transtions 메뉴를 선택한다.

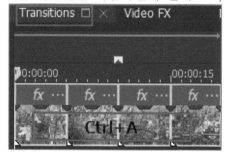

2) 3D Six-Pack 을 클릭하여 Apply this to access 를 사진 사이에 드래그하여 놓는다.

3) 이벤트에 페이드를 만든 후, [CLICK HERE]을 클릭해 고른다.
　　아래에 있는 Reverse Transition 은 설정된 것과 반대로 장면전환 효과를 줄 수 있다.
4) 오른쪽에 6 가지 기본 설정이 있다. 그 위에 있는 Transition 01 부분을 클릭하면 다른 효과들이
보인다.
왼쪽은 설정 효과를 미리 볼 수 있는 곳인데, 아래에 있는 단추들을 클릭한다.
효과를 적용하려면 오른쪽 아래에 있는 곳을 클릭하면 밖으로 나간다.
5) 실행시키면 미리 보기를 할 수 있다.

3. Transitions 메뉴를 선택하고 [3D Blinds] 클릭하여 사진에 드래그하면 [+] 보이면 장면전환
　　효과가 적용된다.

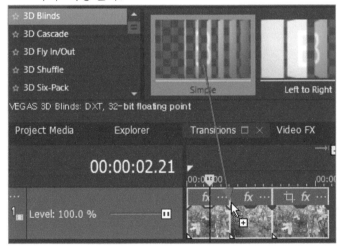

77

[35] 베가스프로 17 설정(Project Properties)

1. 메뉴의 [Properties: Alt+Enter] 클릭하면 Project Properties 창이 보인다.

2. [Vedeo]탭 클릭하여 설정한다. 설정대로 새로운 프로젝트를 만들려면, [Start all new projects...] 선택한다.   [Resample mode]의 [Disable resample] 선택한다.

78

[36] Preferences(설정)하기

Options 〉 Preferences 클릭한다.

1. 마지막 작업환경 보이지않게 하기:
메뉴의 [Options/Preferences] 클릭하여 [General(일반)] 클릭하여
[Automatically open last project on startup] 체크를 해제한다.

2. Editing 설정
1)정지 영상 3초 유지 설정하기: New still image length 를 3 으로한다.
2)'Automatically overlap   multiple selected media when added'를 체크한다.
3) Cut-to-overlap conversion 값을 1.000 으로 한다.

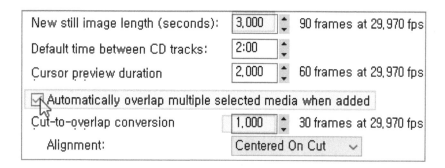

3. Display(미리보기) 창을 중간(Medium)으로 정하면 미리 보기 화면이 중간 밝기로 되어
   눈이 덜 피로해진다.

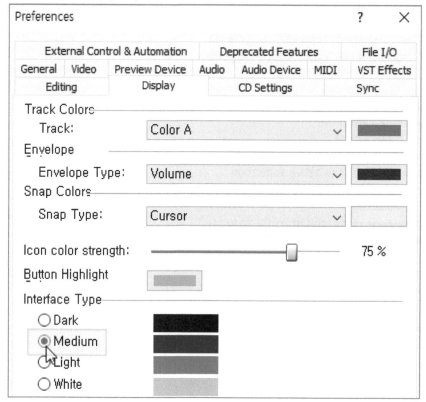

[37] 렌더링(Render As)

1. 비디오 렌더링: [Render As] 클릭하고,Render As 창에서 Formats-MAGIX HEVC?AAC MP4, Templates-Internet HD1080p 29.97fps (NVIDIA NECNC)를 하고,
Browse 에서 저장 위치, Name 에 제목 적고 Render 누르면 저장된다.

2. 오디오 렌더링: [Render As] 클릭하고, Render As 창에서 Wave, 44.100Hz 32 Bit 선택하고,
   Render 누르면 저장된다.

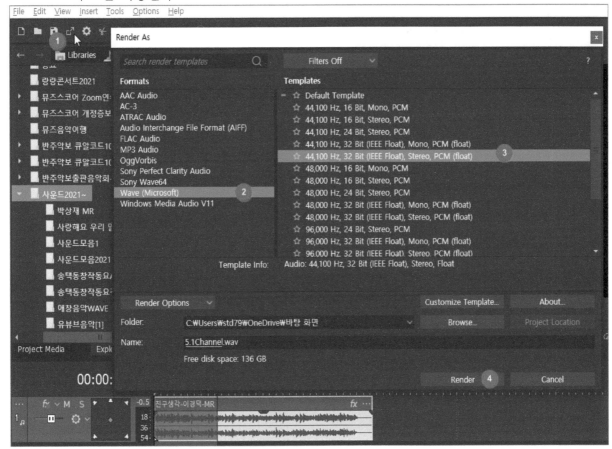

3. [Browse] 클릭하여 저장할 폴더를 바탕화면으로 설정한다.

[38] Smart Zoom-부분 확대

1. Video FX에서 Smart Zoom 클릭하여 영상 클립 위에 드래그하여 넣는다.

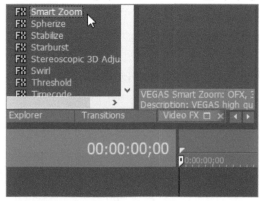

2. Animate 클릭한다.

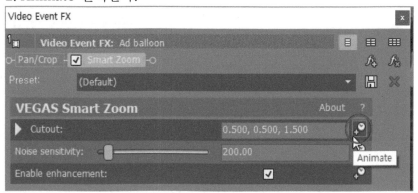

3. 1초 후에 [+] 클릭하여 키프레임 넣는다.

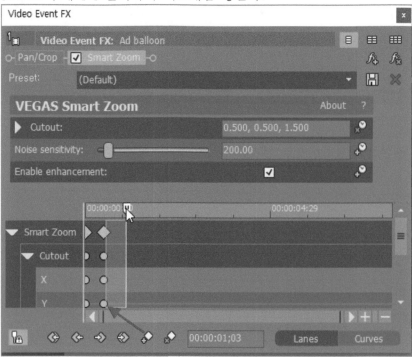

4. 2 초후에 키프레임 넣고(1), [+] 움직여 위치를 이동하고(2), 바를 위로 이동(3)하면 확대가 된다.

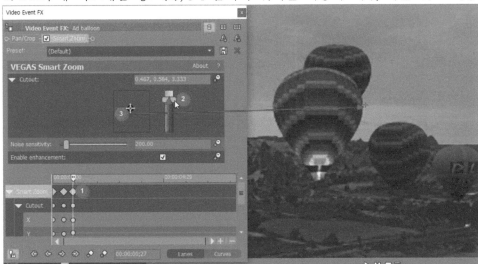

5. 수정하기위해 [Event FX]클릭한다.

6. 바를 아래로 내리면 전체화면이 보인다.

7. 키프레임 간격을 좁히면 확대가 빨리 되고, 넓히면 천천히 확대가 된다.

8. 렌더링하여 영상 확인한다.

[39] 모션 트래킹(Motion Tracking) - Bezier Masking

움직이는 영상에 모션 트래킹을 넣을 때 마스크는 [Event Pan/Crop]에서 활용하고, 모션트래킹은 [Bezier Masking]에서 작업한다.

1. 걸어가는 비둘기 영상을 트랙에 놓고, [Event Pan/Crop] 클릭하여 Mask 선택하고 네모툴로 영역을 설정한다.

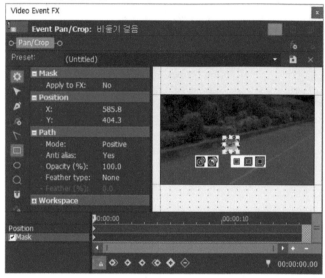

2. [Event Pan/Crop] 클릭하여 Mask 선택을 해제하고, [Video FX] 클릭하여 [Bezier Masking]을 드래그하여 트랙에 놓고, [Bezier Masking]의 General Options 클릭하여 연다.

3. [Bezier Masking]의 Blend 바를 움직여 배경을 보이게 하고, Mask 1 의 Type 의 Curve 로
   움직이는 영상의 영역을 정한다.

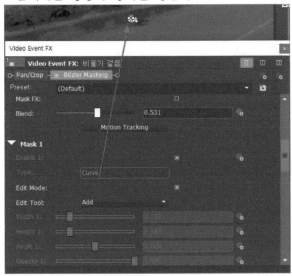

4. Edit Mode 를 해제하고, Precision 을 High, Mode 는 Rotation& Location, Forward,
   Keyframe Interval 을 1 초로 하고 [Start]누른다.

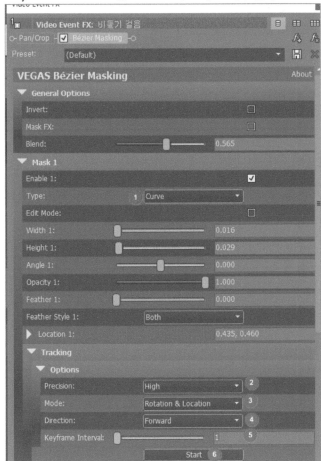

5. 밑에 그래프가 그려진다.

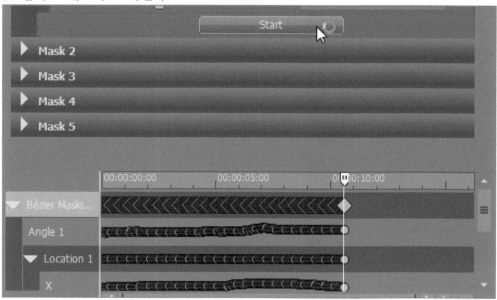

6. 중간에 대상의 움직임 방향이 바뀌면 원하는 위치로 커서를 이동하고 Start 누른다.

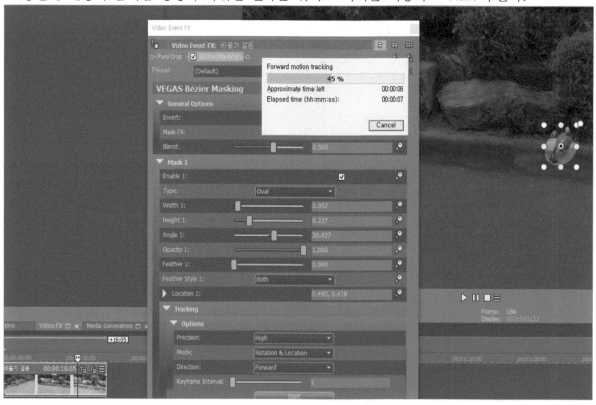

7. 트래모션 적용한 비디오 감상하기

[40] PIP, Composite Level로 영상 속의 영상 투명하게

1. 위 트랙에 비디오 영상 넣고, 아래 트랙에 사진을 넣는다.

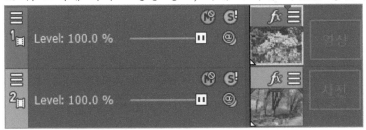

2. Video FX 탭에서 Picture In Picture(PIP) 효과를 선택 후 (Default)를 선택해
   윗 트랙에 드래그한다.

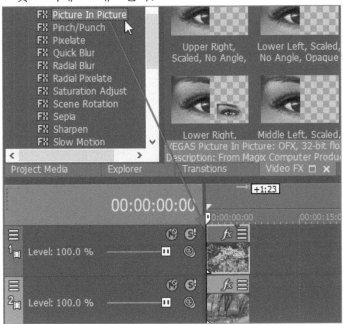

3. PIP 이동하기: Mode 클릭하고, Fixed Shape: 전체 영상 이동한다.
   Free Form: 모서리를 드래그하여 모양을 바꾼다.

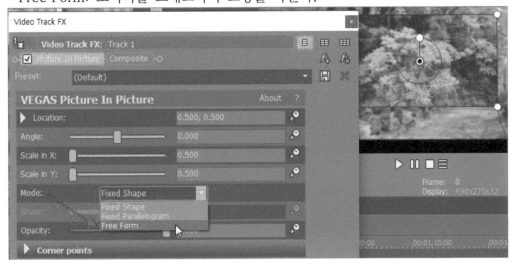

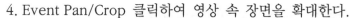

4. Event Pan/Crop 클릭하여 영상 속 장면을 확대한다.

5. 비디오 투명도

1) Insert/Remove Envelope->Composite Level 클릭한다.

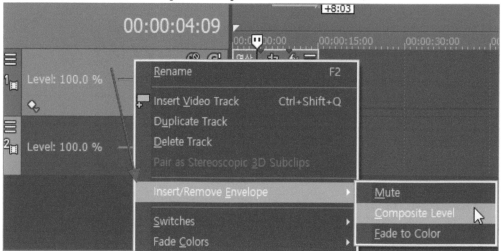

2) Envelope 선을 더블클릭하여 키프레임을 만들고, 상하로 이동하여 굴곡선을 만들면 영상이 나타났다가 사라진다.

[41] 렌즈플레어(Lens Flare)로 타이틀(Title) 자막 만들기

렌즈 플레어(Lens Flare)는 광선이 들어와 영상이 부옇게 되거나 둥근 흰 반점이 나타나는 효과이다.

1. Media Generators 탭 클릭하여 [Title & Text]를 드래그하여 비디오 트랙에 놓고 타이틀 글자를 적고, 자간을 줄이기 위해 [Tracking]을 이용한다.

2. [Event Pan&Crop] 클릭하고, Video Event FX 창에서 첫 번 키프레임에는 F 글자를 드래그하여 글자 크기를 줄이고, 두번째 키프레임에는 크기를 늘린다.
첫번째 키프레임의 우마우스에서 Fast, 두번째 키프레임의 우마우스에서 Slow 를 선택하면 자막이 빨리 나타나다가 천천히 움직인다.

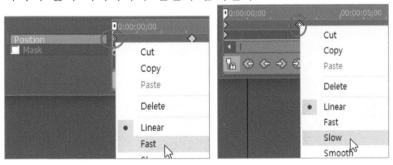

3. Fade in 넣는다.

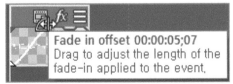

4. Media Generators 탭에서 [Solid Color]로 검정 색 박스를 넣는다.

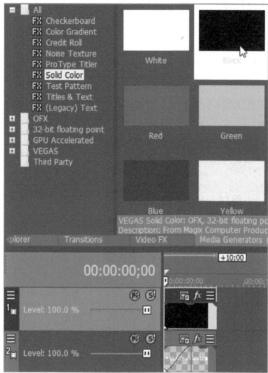

5. [Video FX] 탭에서 [Lens Flare] 드래그하여 트랙에 이동하고, VEGAS Lens Flare 창에서
   청색을 선택하고 Tint, Intensity, Size, Lens type 를 70-30mm 로 설정하고, Light Position
   열어서 Animate 클릭하여 키프레임 위치를 좌로 이동한다.

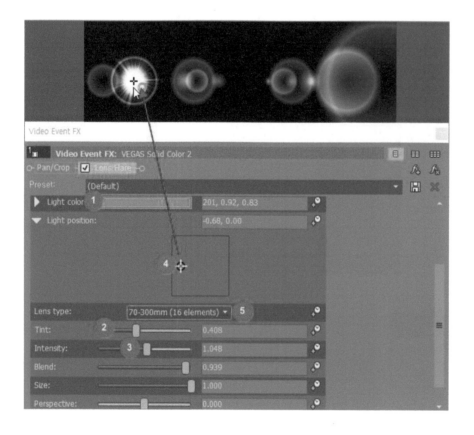

6. 두번째 키프레임에서 키프레임 위치를 우로 이동한다.

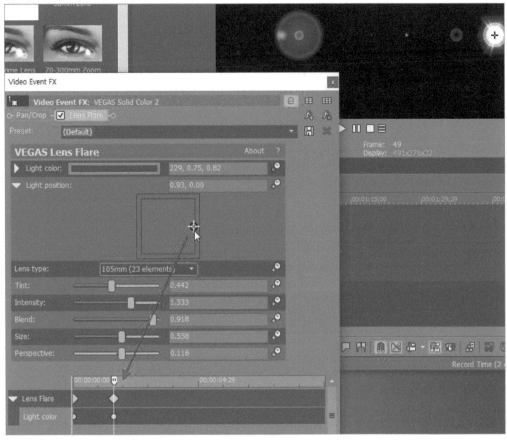

7. 트랙의 Compositing Mode 를 선택하여 활성화한다.

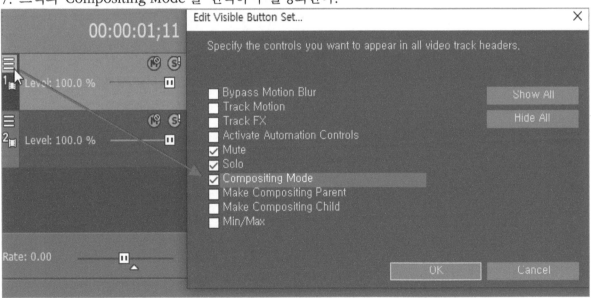

8. Compositing Mode 클릭하여 Screen 선택하면 아래에 있는 타이틀이 보인다.

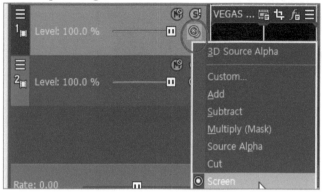

9. 완성된 것 보기

10. 수정하려면, File/Open 클릭하여 Lens Flare 파일을 불러와서
트랙에 텍스트 프레임 복사하여 2022년(제 16 회) 수정하고, Location 에서 위치를 이동한다.

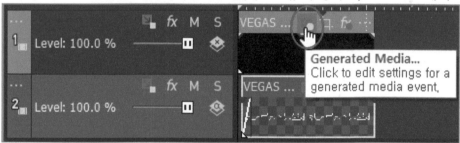

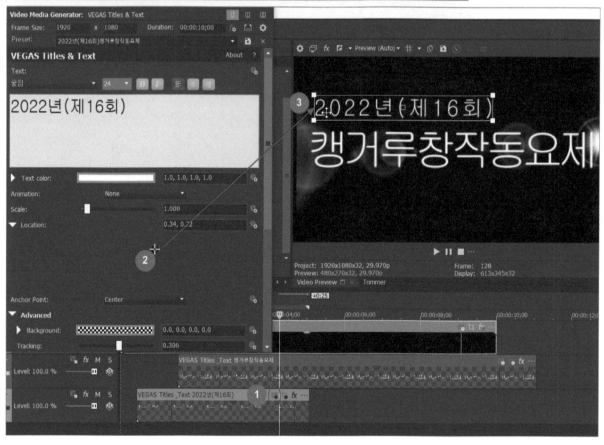

[42] 반짝이는 자막 만들기-Protype Titler, Glow, Flash 이용

Protype Titler 는 글자에 애니메이션 효과를 주는 기능이 있다.

1. Media Generators 탭에서 Protype Titler 드래그하여 영상 위에 놓는다.

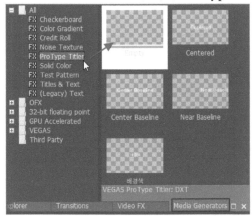

2. Protype Titler 창의 검은색 부분을 더블클릭하여 글자를 넣고 Esc 누르고 중앙에 배치한다.

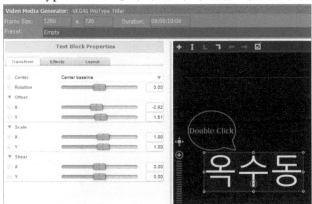

3. [Video FX]탭에서 Glow 를 드래그하여 영상 앞에 놓는다.

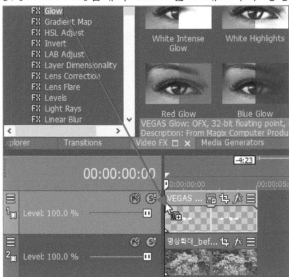

4. Glow percent, Intensity 의 바를 이동하여 흰 구름 모양을 만들고, 칼라를 흰색으로 한다.

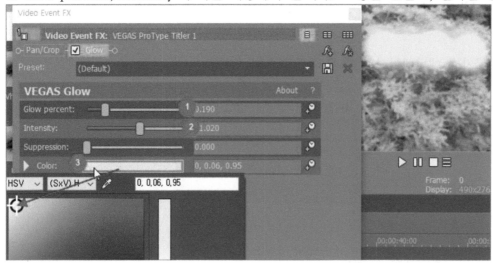

5. [+] Animate 눌러 Glow percent 를 0 으로 한다.

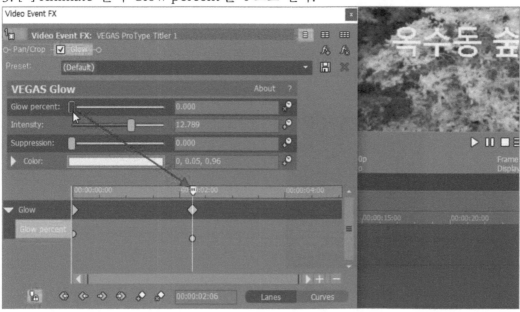

6. 영상 이벤트를 우측으로 이동하고, [Transition]탭에서 Flash 를 드래그하여 영상 앞에 놓는다.

7. 반짝이는 영상 효과를 확인한다.

[43] 영상 투명도(Opacity)

1. 상하 영상 겹치기: 위 영상을 선택하고 손모양이 보일 때 아래로 드래그하면 위 영상의
투명도(Opacity)가 줄어들어 아래 영상이 조금 보이면서 영상이 겹쳐진다.

2. 투명도(Opacity)를 0 으로 하면 아래 영상이 보인다.

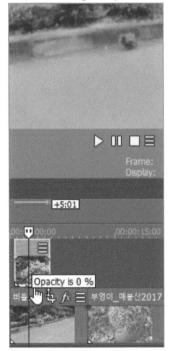

[44] 이벤트 선택과 재생

1. 이벤트를 더블 클릭하면 이벤트만 선택이 되고 재생하면 선택된 이벤트가 재생이 되고 멈춘다.

2. 타임라인을 더블클릭하거나, 원하는 부분을 드래그하거나, 커서를 놓고 키보드의 I, o 를 눌러 시작점과 끝점을 지정한다.

[45] Auto Ripple(오토리플)

Auto Ripple(오토리플: Ctrl+L)은 이벤트를 삭제했을 때 공간없이 붙이는 기능이 있다.

1. 이벤트 삭제하기
 1) Auto Ripple(오토리플: Ctrl+L) 누르고, 이벤트를 삭제하면,

 2) 뒤에 있는 이벤트가 공간없이 옆에 이어진다.

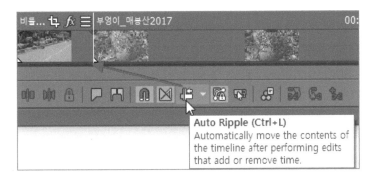

2. 이벤트 이동하기: 앞에 있는 이벤트를 공간없이 뒤로 이동하면 Auto Ripple(오토리플: Ctrl+L)을
   해제하고 이동한다.

 * 이벤트를 개별적으로 이동할 때는 Auto Ripple(오토리플: Ctrl+L)을 꺼야 한다.

3. Auto Ripple(오토리플) 옵션
 1) Affected Tracks: 선택한 트랙만 적용
 2) Affected Tracks, Bus Tracks, Markers, and Regions: 마커, 리전까지 적용된다.
 3) All Tracks, Markers, and Regions: 여러 트랙 중에서 한 개 트랙의 영상을 자르면 다른 영상도
    모두 동일하게 적용된다.

[46] Automatic Crossfade(크로스페이드)-디졸브

Automatic Crossfade 는 디졸브라고 하는 것으로 2 개 영상을 겹치기 하는 것이다.

1. 2 개의 영상을 올리고
2. Automatic Crossfade[Ctrl+Shift+X] 누르고, 뒤의 영상을 앞으로 이동해 영상을 겹치면 크로스페이드 효과가 적용된다.   이 때 겹치는 효과가 적용된다.

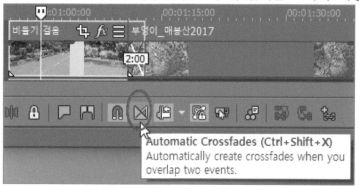

 * Automatic Crossfade 선택하고 클립을 S 키로 자르면, 뒤의 영상이 바로 삭제된 위치로 당겨진다. 영상을 여러개 삭제해도 삭제된 곳을 자동으로 채워준다.

[47] Maintain Aspect Ratio-빈공간(BlackBar 블랙바) 제거

1. 촬영 영상의 비율이 맞지않아 영상 위아래에 빈공간(BlackBar 블랙바)이 생기면,

2. Event Pan/Crop 클릭하거나, 우마우스로 Properties 클릭하여 Maintain Aspect Ratio 를 Yes 로 하거나, Switches/Maintain Aspect Ratio 클릭하여 해제하면,

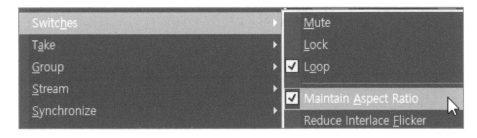

3. 영상이 빈 공간없이 채워진다.

[48] Event Pan/Crop 아이콘이 사라질 때 해결하기

1. [Event Pan/Crop] 아이콘이 안보이면,

2. [Ctrl+Shift+C] 클릭하면 [Event Pan/Crop] 아이콘이 비디오트랙에 보인다.

[49] Zoom In(줌인)-영상의 일부분 확대하기

〈Smart zoom 으로 영상의 일부분을 확대하기〉

1. [Video FX] 탭에서 Smart Zoom 클릭하고 Default 를 드래그하여 비디오트랙에 놓는다.

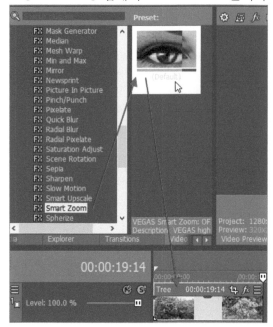

2. Cutout 열어서 [+] 클릭한다.

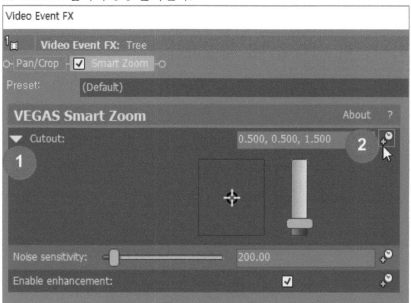

3. 아래 타임라인에서 위치를 이동하고 Add Keyframe 눌러 키프레임을 넣는다.

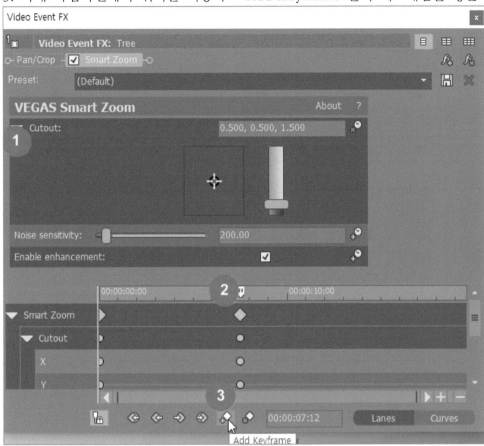

4. 확대할 곳에 인디케이터를 이동하고(1) 바를 위로 올려 영상을 확대하고(2), [+]를 드래그하여 확대할 곳을 정한다(3)

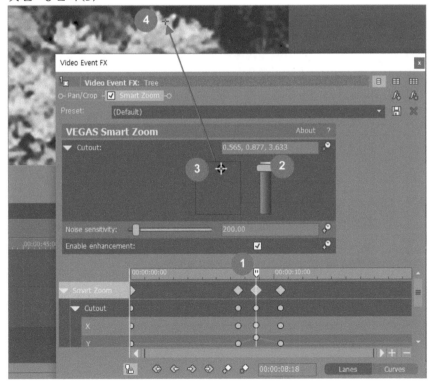

5. 재생하면 영상의 일부분이 확대가 된다.

⟨Event Pan/Crop] 으로 확대하기⟩

　확대하지않은 영상을 불러와 비디오트랙에 넣는다.

1) 비디오 트랙에서 [Event Pan/Crop] 클릭하고,

2) Vedeo Event FX 창에서 Create Keyframe 클릭하여 키프레임 넣는다.

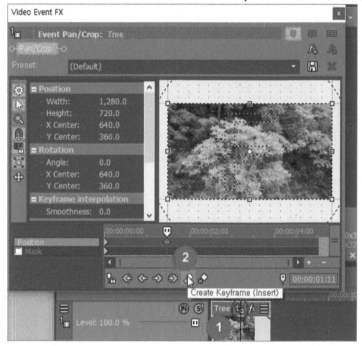

3) 확대하고자 하는 부분에 인디케이터를 이동하고,

4) F 테두리를 안으로 드래그하여 영상을 확대한다.

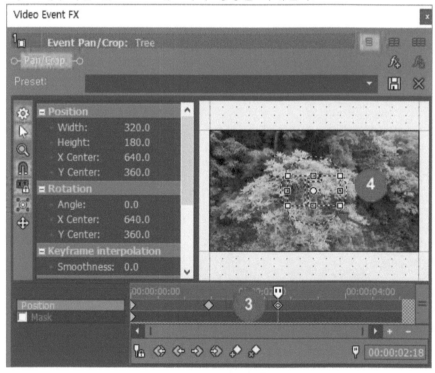

5) + 모양을 이동하여 확대하고자 하는 곳으로 이동한다.

6. 영상 확대 영상이다.

[50] 단축키(keyboard shortcut), 용어 해설

1. Audio Envelopes(오디오 엔벨롭: U)- 오디오의 속도나 음량 등을 그래프로 표현
 1) Mute(음소거: M) – 푸른색 선, 맨 위쪽과 아래쪽 두개로만 선택이 되며 음소거가 되거나 음량을
나타내거나 둘 중에 하나만 선택하고, 원하는 부분에서 더블 클릭을 활용해 음소거를 표현
 2) Volume(음량: V) : Shift+V : 음소거까지 할 수도 있고 소리의 높낮이를 조절, 남색 선이 나타나게
된다. 원하는 남색 선 위에 마우스를 올려 놓은 후 더블 클릭하여 원하는 높이로 가능
 3) Pan(패닝: P) : Shift+P – 갈색 선이 등장. 스테레오 형식처럼 스피커나 이어폰에 효과를 보여 준다
2. Video Envelopes(비디오 엔벨롭: I) 영상들과 관련해서 설정할 수 있는 옵션
 1) Track Mute(트랙 음소거: M) – 선 위에서 더블 클릭해 키프레임 생성한 후 화면을 없애거나
나타나게 한다. 선 색깔은 푸른색
 2) Track Composite Level(트랙 컴퍼지션 레벨: C) – 투명도를 다양하게 설정. 선 색깔은 남색
 3) Track Fade to color(트랙 페이드 색상: F) – 분홍색 선, 페이드 인과 페이드 아웃 효과를 표현한다.
 4) Event Velocity(이벤트 벨로시티: V) – 속도를 조절하는 옵션. 속도를 빠르게 혹은 느리게 설정한다.
  끝을 나타내는 부분은 트랙 위에 역삼각형 모양으로 위쪽에 작게 표시
 5) Transition Progress(변환 효과 진행: P) – Video Event FX 창에 나오지 않는다면 이 옵션을 활용
  마우스 만으로도 변환되는 시간과 효과에 변화를 줄 수 있다.
3. Video Track, 비디오 트랙(V) : Ctrl+Shift+Q – 비디오 트랙을 한개씩 생성
4. Audio Bus, 오디오 버스(B) – Audio Envelopes(오디오 엔벨롭) 메뉴를 보면, Bus,A 가 생성된다.
  반복해서 실행이 가능하며 횟수가 늘어날수록 Bus,B – Bus,C 순으로 순차적으로 메뉴가 생성.
  정교하게 소리를 교정
5. Audio Input Bus, 오디오 입력 버스(P) – 여러개의 오디오 트랙들을 그룹으로 지정해서 한번에 설정
6. Audio Assignable FX, 오디오 할당 가능 효과(F) – 오디오에 이벤트를 적용시킬 때 활용
7. Insert subtitles from File, 파일에서 자막 불러오기 – srt 파일이나 sub 파일 혹은 클립보드 등을
  이용해서 자막을 생성
8. Insert Subtitles from regions, 영역에서 자막 불러오기 – 자막에 이벤트 형식으로 나타나게
  만들어 주는 효과. 이 옵션을 사용하려면 우선 영역을 지정해야한다.

103

9. Add Missing stream for Selected Event, 선택된 이벤트를 위해 누락된 스트림 추가 -
   TXT 파일이나 SRT 파일을 불러와 선택할 때만 활성화

10. Empty Event,빈 이벤트(E) - 빈 이벤트 형식의 공간을 만들 때 유용. 트랙 위의 커서가
    지정된 곳을 시작으로 빈 이벤트 공간이 생성

11. Text, 텍스트(X) - 텍스트 공간을 만든다. 트랙 위의 커서가 지정된 곳을 시작점으로 하여 나타난다.

12. Generated Media,생성된 미디어(G) - 이벤트 효과를 나타내는 공간을 만들 때 활용

13. Time, 시간(T) - 시간을 수동으로 입력해서 트랙 위 커서가 있는 뒷부분 부분 트랙들을 옮길 때 사용

14. Marker, 마커(M) : M -트랙위 타임라인을 기억하기 어려울 때 위치를 지정

15. Region,영역(R) : R - 범위를 지정해서 영역을 기억해야 하는 부분이 필요할 때, 단축키 R 을
    누르면 녹색선과 숫자가 표시

16. Audio CD Track Region,오디오 CD 트랙 영역(K) : N - 선택하면 주황색의 커서가 생성

17. Audio CD Track Index,오디오 CD 트랙 인덱스(X) : Shift+N - 보라색 선

18. Command,명령(C) - C -여러가지 명령을 한번에 적용시킬 때 사용. 파란색의 커서를 생성

19. Audio Track, 오디오 트랙(A) : Ctrl+Q - 오디오 트랙을 생성

20. Motion Tracking(모션트래킹): Alt+M7

21. 비디오트랙 /오디오트랙 묶음을 해제: U, 트랙 개별적 선택 및 이동

22. 이벤트 확대/축소 : 마우스 휠 위 아래, 좌우 이동: Shift 누르고 마우스 휠 위 아래

23. Auto Ripple(오토리플): Ctrl+L-이벤트를 삭제했을 때 공간없이 붙이는 기능

24. Cusor Position(커서 포지션): Ctrl+G-에디터라인

25. Trim(트림) : [Ctrl+T] 누르면 선택한 부분만 남는다. 이벤트 선택한 구간 외 삭제

26. Split(이벤트 자르기): S-이벤트 구간 분할하기

27. Automatic Crossfade: Ctrl+Shift+X-디졸브 영상 겹치기

28. Paste Insert(영상 삽입): [Ctrl+Shift+V]-Auto Ripple 키고 커서를 놓고 [Ctrl+Shift+V] 누르면
    영상이 삽입된다.

29. Nomal Edit Tool: [Ctrl+D]

30. 모양 유지한 채 크기 조절: 대상을 선택하고 Ctrl,Shift 누르고 드래그 한다

31. 클립: 편집하기전의 소스로, 클립 이동은 '[' 와 ']'을 누른다

32. 이벤트: 편집된 소스(영상)

33. 에디트라인: 재생 시작 선으로 쉼표를 누르면 에디터라인 시작점, 마침표 누르면 끝점으로 이동

34. 프레임 이동: 좌우 방향키

35. 이벤트 축소 확대: 마우스 스크롤 휠

36. 이벤트 줌인: Ctrl+상하방향키

37. 윈도우 창 초기화: Alt+D+D

[51] 베가스 창 초기화

베가스 창들이 사라지면, 아래와 같이 초기화를 하면 사라진 창들이 다시 생긴다.

1. .베가스 프로그램을 닫고,
2. 바탕화면의 베가스 아이콘 선택하고,
3. Ctrl+Shift 누르고 베가스 시작 아이콘 더블클릭한다.
4. 모든 창들이 처음 초기화 상태로 열린다
5. 선택하고 Yes 한다

6. 창 초기화: Alt+D+D

[52] Time Stretch-속도 조절

1. Time Stretch: [Ctrl] 누른 상태에서 비디오 끝부분에 마우스를 클릭하면 물결모양이 생긴다.

2. 끝부분 잡고 늘리면 속도가 느려지고, 줄이면 속도가 빨라진다.

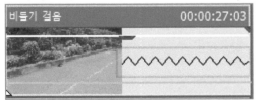

3. Trim Event End: Ctrl 누르지않고 끝부분을 잡고 그대로 늘리면 정상속도로 비디오 길이를 늘린다.

[53] Audio Envelopes(오디오 인벨로프), Event Velocity(속도 조절)

인벨로프(Envelopes)는 영상의 투명도, 소리 높낮이, 스테레오 좌우, 영상의 속도 등을 조절하는 것으로 키프레임 작업을 하는 곳이다.

〈Audio Envelopes(오디오 엔벨롭: U)〉
오디오의 속도나 음량 등을 그래프로 표현해 설정을 편하게 만들어 주는 기능
1. 오디오트랙에서 우마우스로 [Insert/Remove Envelope] 클릭한다.

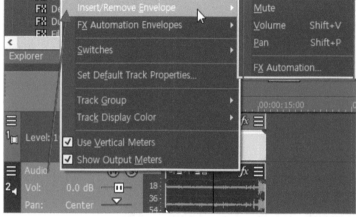

　트랙위의 마우스 오른쪽을 누르고 엔벨롭 삽입 제거와 동일하게 사용할 수 있습니다.
음소거, 음량, 패닝 옵션들이 나온다.

1) Mute, 음소거(M) – 푸른색 선, 맨 위쪽과 아래쪽 두개로만 선택이 되며 음소거가 되거나 음량을 나타내거나 둘 중에 하나만 선택하고, 원하는 부분에서 더블 클릭을 활용해 음소거를 표현
2) Volume, 음량(V) – Shift+V : 음소거까지 할 수도 있고 소리의 높낮이를 조절, 남색 선이 나타나게 된다. 원하는 남색 선 위에 마우스를 올려 놓은 후 더블 클릭하여 원하는 높이로 가능
3) Pan, 패닝(P) – Shift+P – 갈색 선이 등장. 스테레오 형식처럼 스피커나 이어폰에 효과를 보여 준다.　* Set to(다음으로 설정) 메뉴를 클릭해 숫자를 기입

〈 Event Velocity(속도조절)〉
Velocity 는 영상을 빠르게, 늦게, 정지로 만드는 기능

2. [Insert]-[Video Envelopes]-[Event Velocity] Click, 혹은 우마우스로
[Insert]-[Remove Envelopes]-[Velocity] 클릭한다.

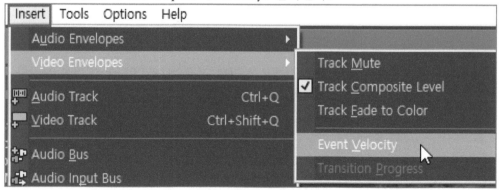

3.[Event Velocity] 클릭하면 가운데 녹색줄이 생긴다. 위로 올리면 속도가 빨라지고, 아래로 내리면 느려진다. 더블클릭하여 Add Point 만들어 속도가 나타나는데 100%는 정상, 0%는 정지상태이다.

4. Set to 0% Velocity: Stop Video(정지 영상), 100%는 역재생

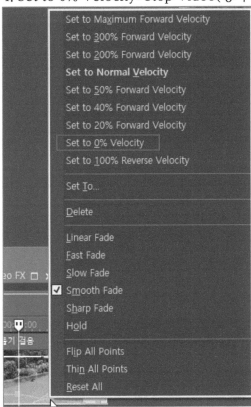

[54] 비디오 인벨로프 (Video Envelopes)

비디오 인벨로프(Video Envelopes)는 영상 속도, 소리 높낮이,스테레오 좌우 조절, 영상의
투명도 등을 조절한다. 비디오 인벌로프 (Video Envelope)는 비디오 투명도를 조절한다.

1. 인벨로프(Video Envelopes) 실행
[Insert/Video Envelopes/Track Composite Level] 선택하거나,
우마우스로 [Insert/Remove Envelope]->[Composite Level] 클릭하면 파란선이 생긴다.

2. 파란선 위에서 더블클릭하여 키프레임(Add Point)을 넣고 소리의 볼륨과 비디오의 투명도를 조절.

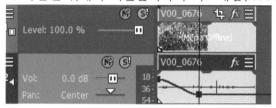

3. 단풍사진을 비디오트랙에 추가하고 Composite Level 을 아래로 내리면 배경이 어두워진다.

4. 사운드 트랙에서 Composite Level 해제하기: [Volume: Shift+V] 체크를 해제한다.

5. 비디오트랙의 Add Point 속성
Set to: 트랙에 입력상자 보인다.
Liner Fade: 직선 라인
Fast Fade: 선이 아래로 향한 곡선으로 페이드가 빨라진다
Slow Fade: 선이 로 향한 곡선으로 페이드가 빨라진다
Smoth Fade: 선이 위로 향한 곡선으로 페이드가 느려진다
Sharp Fade: Smooth Fade 와 반대방향의 곡선

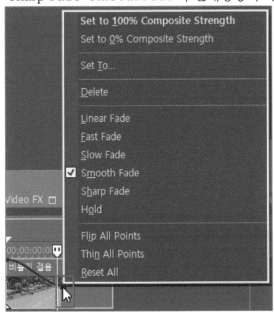

[55] 이벤트 팬/크롭 (Event Pan/Crop) 기능

이벤트 팬/크롭 (Event Pan/Crop)은 영상의 크기와 Zoom In-Out, Pan 등 영상의 움직임을 조절한다.
Pan: 카메라를 좌우상하로 움직여서 촬영
Crop: 끝[가장자리 (등)]을 자르다, 불필요한 부분을 자르기
1. 영상 위에서 [Event Pan/Crop] 클릭

2. Video Event FX

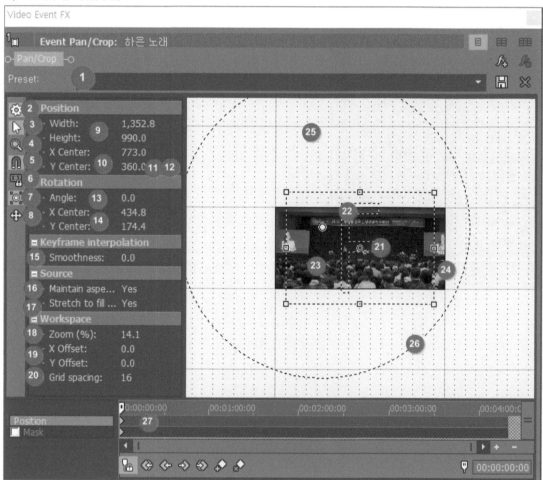

1) preset : (Default) - 기본 설정 1:1 / 4:3 / 16:9 / 1.85:1 은 가로세로 비율
  *기본 설정: Default
2) Show Properties : 클릭하면 옆에 있는 부분 설정이 보이게 된다.
3) Normal Edit Tool : 일반적인 편집을 할 때 선택
4) Zoom Edit Tool : 선택후 마우스 왼쪽 클릭하면 확대, 마우스 오른쪽 클릭하면 축소
5) Enable Snapping : 자석에 붙은 것처럼 이동 오른쪽에 보이는 눈금 단위만큼 이동
6) Lock Aspect Ratio : 선택하면 반대쪽에 있는 지점을 기준으로 비율로 확대, 축소하고 회전한다.

.

7) Size about Center: 중앙을 중심으로 확대 축소된다.

8) Move Freely: x, y 십자모양은 상하좌우 이동, 가로선은 좌우이동만 가능, 세로선은 상하 이동만 가능

9) Positon (위치) - Width/Height : 오른쪽 화면에 있는 ㅁ크기를 나타낸다.

*오른쪽 화면의 24 번을 이용해 크기를 조절하면 값이 변한다.

10) Positon (위치) - X Center, Y Center : ㅁ의 중심점 위치 값

11) ▲▼ 로 클릭해 값을 조절하거나 입력

12) ▼로 클릭하면 조절 바가 나오며, 좌우로 움직여 값을 조절

13) Rotation (회전) - Angle : 회전 값 (시계 방향은 +, 반 시계 방향 2-)

14) Rotation (회전) - X Center / Y Center : 회전 중심점의 위치 값

15) Keyframe interpotation - Smoothness : 키프레임 (오른쪽화면의 27 번)이용 시 부드러움

16) Maintain Aspect Ratio : yes - 원본 미디어 파일의 왜곡 방지. 가로, 세로 비율 유지

17) Stretch to fill frame : yes-조절을 해 표시된 부분만 확대/축소, no - 조절에 따라 잘려나간다.

18) Workspace - Zoom(%) - 하얀 부분이 보이는 정도. 하얀 부분에서 마우스 휠로 조절 가능

19) Workspace - X Offset, Y Offset - 오른쪽 하얀 부분의 위치 값

20) Grid spacing : 눈금 간격 (값이 클수록 눈금수가 많아진다.)

21) ㅁ의 중심점

22) F : 대칭, 회전등의 유무를 알게 해준다.

23) 일반적인 이동할 때 사용 (8 번 설정에 따라 좌우,상하, 좌우상하 이동.)

24) ㅁ을 좌우, 상하로 축소, 확대시킨다.

25) 십자모양: 대상을 이동하거나 회전할 때 사용.

26) 하얀 부분을 이동

27) Keyframe 영역으로, 움직임있는 효과를 줄 때 사용 마우스 오른쪽을 누르면 나온다.
 움직임을 만들 때 키프레임 간격이 멀면 천천히 움직이고, 가까우면 속도가 빠르다.
키프레임 값이 동일하면 움직임을 멈춘다.

3. 우마우스를 클릭한다.

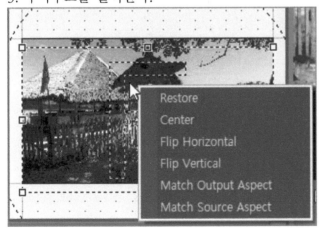

Restore : 처음 설정으로 돌아간다.

Center : 중심점을 최초 지점으로 이동시킨다.

Flip Horizontal : 좌우 모습을 바꿔준다.

Flip Vertical : 상하 모습을 바꿔준다.

Match Output Aspect : 프로젝트에서 설정된 사이즈 비율과 같게 설정

Match Source Aspect : 원본 크기의 비율로 설정

[56] 모션트래킹(Motion Tracking)-Bezier Masking

모션트래킹(Motion Tracking)은 움직이는 물체를 따라가며 자동으로 위치를 추적하는 기능으로
Bezier Masking 으로 한다.

1. 이동하는 영상을 불러와 [Video FX]의 [Bezier Masking]을 클릭하고 Circle 을 비디오트랙에
드래그하면 검은 배경에 원이 생긴다.

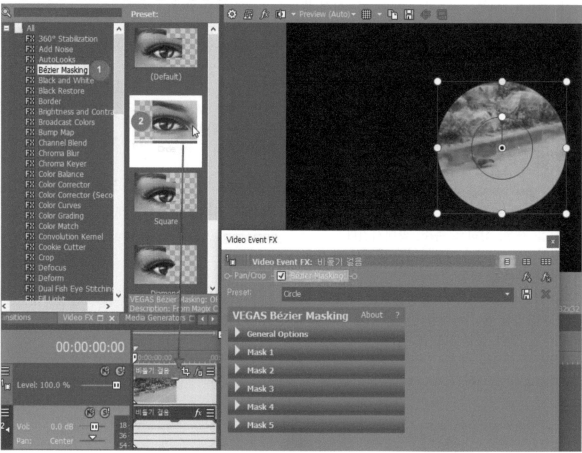

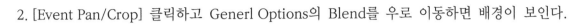

2. [Event Pan/Crop] 클릭하고 Generl Options의 Blend를 우로 이동하면 배경이 보인다.

3. Mask 1 을 열어서 Feather 1 값을 6 으로 한다.

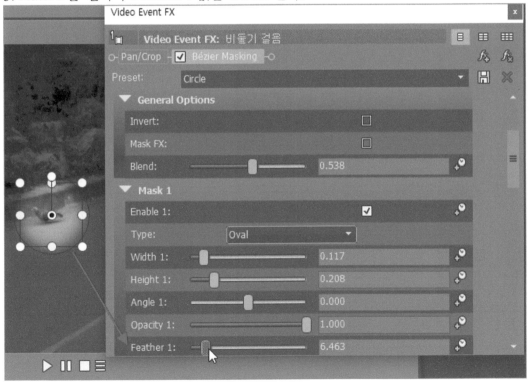

4. Tracking 열어서 Options에서 High, 1초 선택하고, Start 누른다.

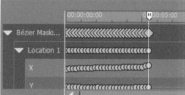

5. 대상과 마스크 원이 분리되면,

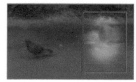

6. [Event Pan/Crop] 클릭하여 원모양을 이동한다.

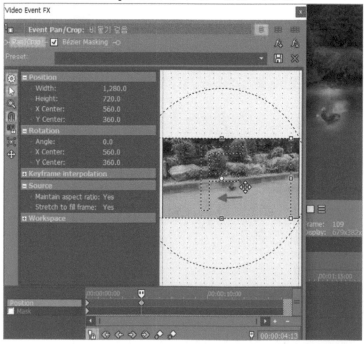

[57] 영상과 음성 분리하기

1. 사운드 트랙에서 우마우스로 [Group/Remove From: U] 클릭하면 비디오와 사운드가 분리된다.

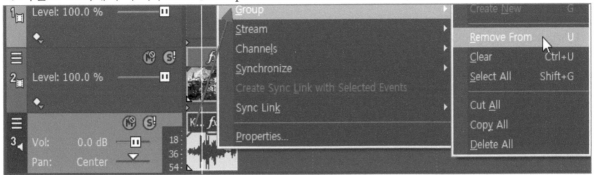

2. 사운드 선택하고 Delete 키 누르면 사운드가 삭제되고, 비디오 중간 부분을 선택하고
   자르기 하면 비디오만 나누어 잘라진다.

3. 우측 하단의 [Ignore Event Grouping] 누르면 영상과 음성이 분리된다.

[58] Gaussian Blur 로 인물을 선명하게 주변을 흐리게 하기

특정 대상을 보이고 주변을 흐리게 하기

1. [Video FX] 탭에서 [Gaussian Blur]의 [Medium Blur] 클릭하여 영상에 올린다.

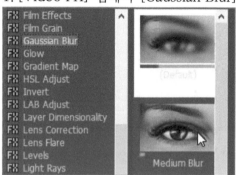

2. [Event Pan/Crop] 누르고, (Video Event FX) 창에서
Mask 선택하고①, Anchor 펜 툴을 클릭하여②, 대상의 주변을 에워싼다.③, Apply to 를 Yes④
Mode: Negative⑤, Feather Type: Out, 7.0⑥

[59] 숨겨진 기능 활성화, 도구(Toolbar) 편집

VEGAS Ppro17로 업그레이드되면서 이전에 자주 사용하던 기능들을 다시 보이게 하여 사용하기

1. 메뉴의 [Options/Proferences] 클릭하고, Deprecates Features 탭의 6개 항목을 체크한다.

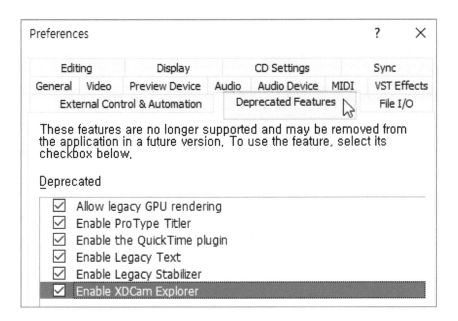

2. [File I/O]의 항목을 체크하여 활성화한다.

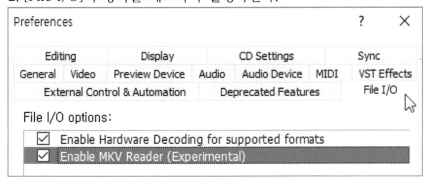

3. 재부팅하면 항목들이 보인다.

4. 툴바(Toolbar)편집 : 툴바는 자주사용하는 도구를 모아놓은 곳이다.
 1) Toolbar 를 더블클릭하여 Import Media 를 Add 하면 Current Toolbar 창에 생긴다.

4. 툴바(Toolbar)편집: 툴바는 자주사용하는 도구를 모아놓은 곳이다.
 1) Toolbar 를 더블클릭하여 Import Media 를 Add 하면 Current Toolbar 창에 생긴다.

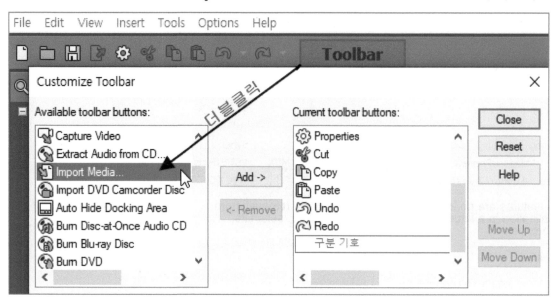

 2) Current Toolbar 창에 Import Media 가 생긴다.

 3) Toolbar 에 Import Media 도구가 생긴다

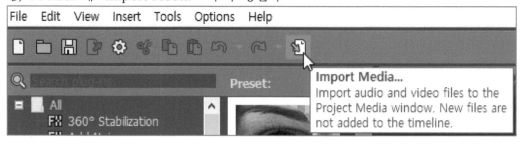

[60] 영상에 모자이크 효과– Pixelate의 마스크, 블러 이용

얼굴에 마스크 효과를 주기 위해 Pixelate 이용하여 모자이크 처리하기

1. 영상을 불러와서
[Video FX] –〉 [Pixelate] 탭을 들어가 [Large] 더블클릭하고, Video Event FX 창에서
조절 바를 움직여 모자이크 효과를 조절한다.

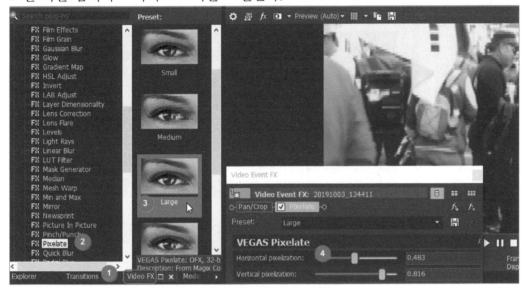

2. [Event Pan//Crop] 누르고,
Video Event FX 창에서 Mask 선택하고, 원 툴로 모자이크할 부분에 드래그하여
원 모양을 만들고 크기를 조절한다.

3. 배경을 보이게 하려면 Mask의 Apply to를 Yes로 한다.

[61] 어두운 화면 밝게 만들기-Brightness and Contrast

1. 화면이 어두운 영상을 불러온다.

2. [Video FX] 탭에서 [Brightness and Contrast] 클릭하여 Default 더블클릭하여
   Video Event FX 창을 연다.

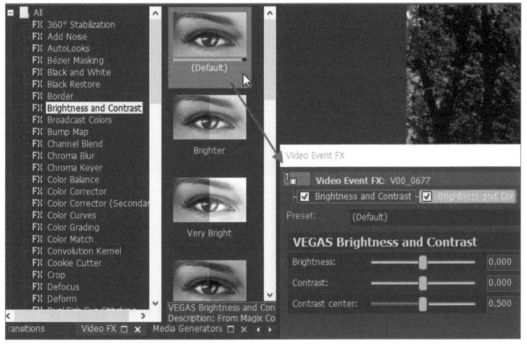

3. Brightness 바를 우측으로 드래그하여 밝게 하고, Contrast 바를 드래그하여
   선명도를 조절한다.

[62] 프로젝트 속성창(Project Properties)과 오디오싱크

베가스 영상 자르기 기능을 하기 전에 프로젝트 설정부터 해주면, 영상과 오디오 싱크가 잘 맞는다.

1. [Alt + Enter] 키로 프로젝트 속성창(Project Properties)을 열어서 확인한다.

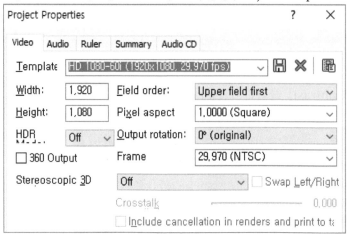

1) Frame 항목에서 반드시 29.970 (NTSC) 로 한다.
2) frame 이란 TV 나 방송매체에서 1 초에 사용되는 이미지 장수이며,
3) 이것이 낮게 설정되는 경우 세세하게 영상 자르기가 안될 수 있기 때문에 반드시 맞춰야
오디오 싱크가 어긋나지 않는다

[63] ProType Titler(프로타이프 타이틀러)-설정과 자막에 음영 넣기

베가스 17 에서 Protype Titler 가 보이지않으면 설정을 다시 한다.
1. [Options/Preferences] 클릭하여 [Deprecated Features]에서
Enable Protype Titler 선택하여 [OK]하고

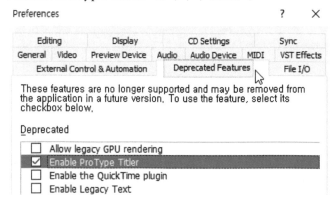

2. 재부팅하면 Protype Titler 보인다.

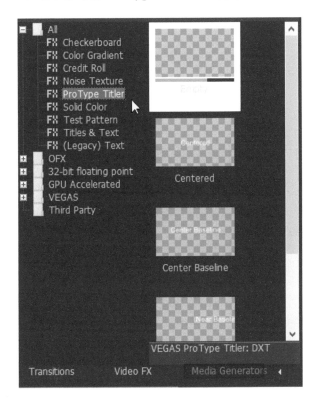

3. Style 에서 Stroke width(테두리 굵기)를 설정하고, Storke color(테두리 색상)을 설정한다.
글자에 음영을 넣고 싶다면 Backgroud(배경색)을 설정한다.

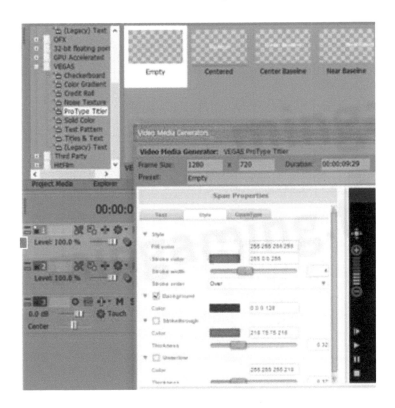

[64] 슬라이드쇼 프리셋(Slideshow Preset)

슬라이드쇼는 사진으로 동영상 만들기 한다.
베가스프로 17 에 새로 생긴 Slideshow Creator 의 설정이 XML 파일로 돼있어서 수정한 무료
템플릿(Preset)을 다운받아 설치 사용한다.

〈프리셋 설치〉

1. 다운받아 베가스 17 에 설치된 폴더(VEGAS Pro 17.0)에 넣는다.

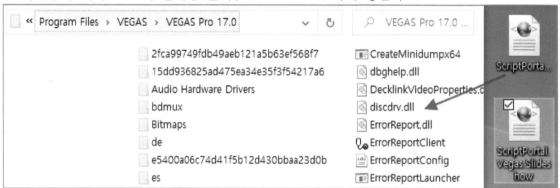

2. [대상폴더의 파일 덮어쓰기]하고, 총 43 종류의 슬라이드 프리셋 한글, 영어 설치하면 된다.

〈Slideshow Creator 버튼 만들기〉

1. 메뉴바에서 더블클릭하여 [Creator Slideshow] 클릭하고 [Add]하고 Close한다

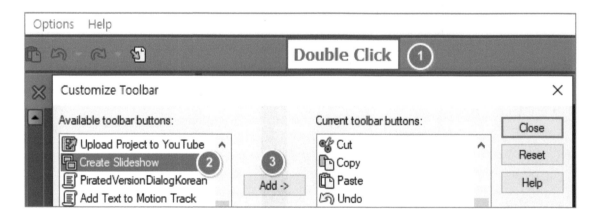

2. 메뉴바에 Slideshow Creator 버튼이 생긴다.

3. Slideshow Creator 의 Picture 탭에서 [Add Pictures] 눌러서 사진을 불러온다.

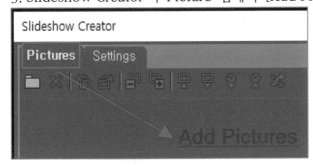

3. Slideshow Creator 의 설정(Settings)에서 [Effects/Random] 선택한다.

4. 우측 아래 끝의 +아이콘은 사진을 묶어주는 네스팅(Create Nested) 기능이다.

프리셋 다운: https://naver.me/FlxaqJYE

[65] 마스크로 자막에 반투명 배경 넣기[1]-Opacity

자막이 잘 보이게 하려면, 자막에 Opacity 로 반투명 배경박스를 넣는다.

1. 자막을 넣은 트랙에 [Insert Video TrackL Ctrl+Shift+Q] 클릭하여 비디오 트랙을 추가한다.

2. 반투명 배경 트랙을 자막 트랙 아래로 이동한다.

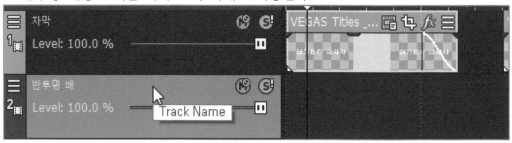

3. 빈트랙이 추가되면, [Media Generators]-[Solid Color] 클릭하여 [Black] 을 드래그하여 빈 트랙에 넣는다.

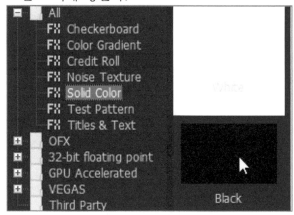

4. [Event Pan/Crop] 클릭한다.

5. Video Event FX 창에서 [Mask]선택하고 네모상자를 클릭하여 우측의 검정박스에서
   사각형을 그린다.

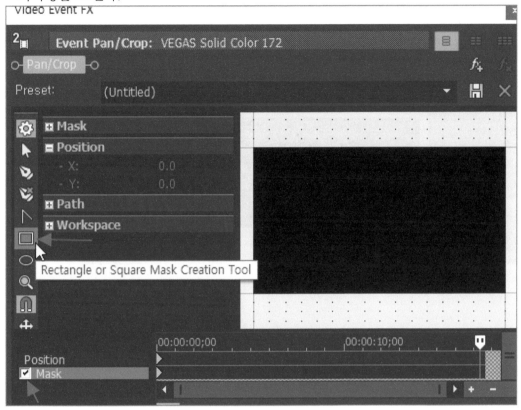

6. 사각형의 모서리를 더블클릭하고 모니터에 보이는 자막의 크기에 맞추어
   크기를 조절하고 이동한다.

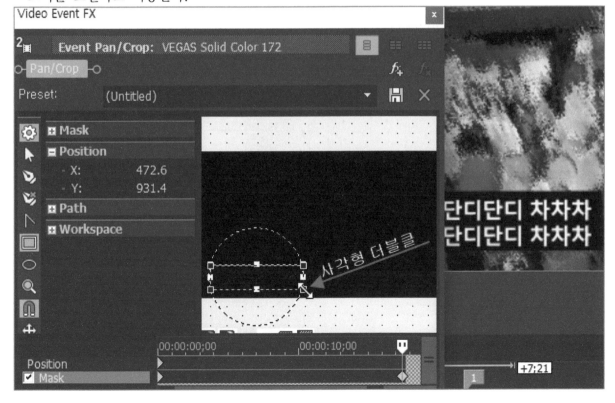

7. Path 의 Opacity 값을 50 으로하면 반투명이 되어 배경이 여리게 보인다.

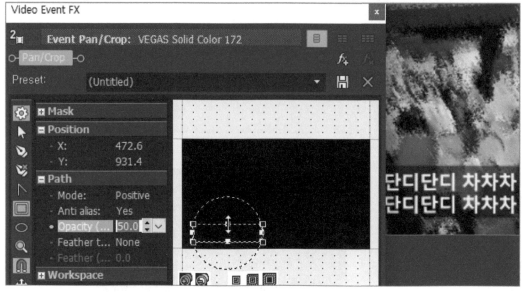

[66] 마스크로 자막에 반투명 배경 넣기[2] – Alpha

자막이 잘 보이게 하려면, 자막에 Opacity 로 반투명 배경박스를 넣는다.

1. 자막을 넣은 트랙에 [Insert Video Track: Ctrl+Shift+Q] 클릭하여 반투명 배경을 넣을 비디오 트랙을 추가한다.

2. 반투명 배경 트랙을 선택하고 드래그하여 자막 트랙 아래로 이동한다.

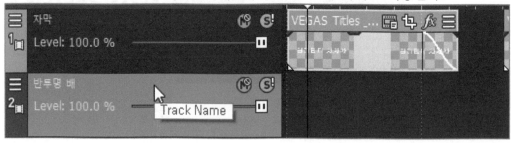

3. 빈 트랙이 추가되면, [Media Generators]-[Solid Color] 클릭하여 [Black] 을 드래그하여
   빈 트랙에 넣는다.

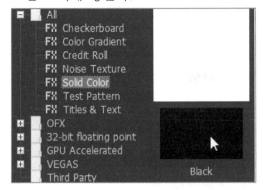

4. [Event Pan/Crop] 클릭한다.

5. Video Event FX 창에서 [Mask]선택하고 네모상자(Rectangle)를 클릭하여 우측의 검정박스에서
사각형을 그린다.

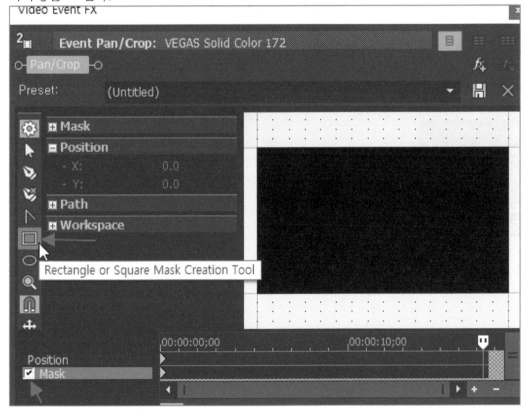

6. 사각형의 모서리를 더블클릭하고 모니터에 보이는 자막의 크기에 맞추어 사각형의 크기를
조절하고 이동한다.

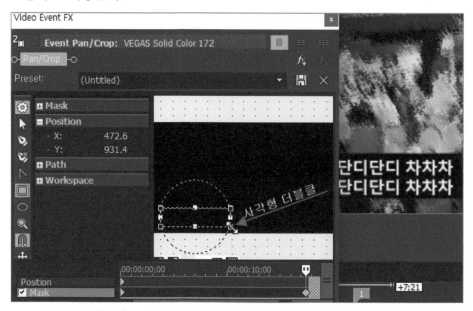

7. 트랙에서 [Generated Media] 클릭한다.

8. [Video Media Generators] 창에서 Solid Color 창을 확장하기위해 화살표를 누른다.

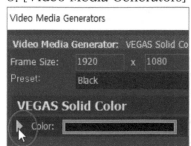

9. 사각형(Lectangle)툴을 클릭하고 사각형을 그리면 모니터에 검정박스가 생긴다.

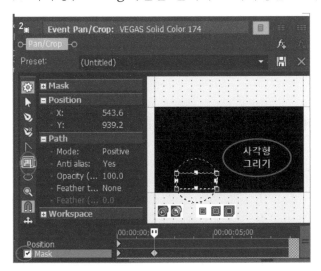

10. Solid Color 의 칼라투명도(Alpha)를 중간으로 이동하면 반투명 배경이 된다.

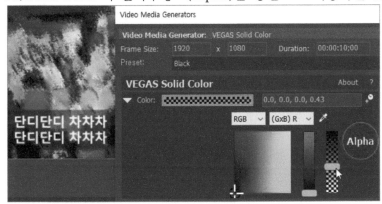

11. 반투명 배경이 있는 트랙의 반투명 박스를 우측으로 드래그하여 길이를 늘린다.
자막의 길이가 큰 곳은 트랙에서 [Generated Media] 클릭하여 가로길이를 늘린다.

[67] 오디오싱크 밀림 처리

비디오 파일을 베가스에 불러와서 비디오와 오디오 싱크가 맞지않으면,
'Enable So4 Compound Reader for AVC/M2TS' 항목을 FALSE 로 변경한다.

1. Internal 항목이 설정 메뉴에 안보이면,
메뉴에서 [옵션(Options)-설정(Preferences)]을 **쉬프트(Shift)키를 누른 상태**에서 클릭한다.

2. Internal 항목을 클릭하고, 검색(show only prefs containing)에 so4 를 넣는다.

Preferences					? ✕
Editing	Display		CD Settings		Sync
General	Video	Preview Device	Audio	Audio Device MIDI	VST Effects
External Control & Automation		Deprecated Features		File I/O	Internal

Show only prefs containing:　So4

3. 'Enable So4 Compound Reader for AVC/M2TS' 항목을 FALSE 로 변경한다.

Preferences:

Field Name	Value	Default
Use So4 Audio Reader for Intermed...	TRUE	TRUE
Enable So4 Compound Reader for ...	FALSE	TRUE
Enable Hardware decoding for So4 ...	TRUE	TRUE
Enable Blacklist for So4 Compound ...	TRUE	TRUE

* FALSE 라고 하면 되며, 해당 옵션위에 마우스를 잠시 올려두고 풀네임이 나오면 알맞은 곳을

변경한다.
 4. OK 를 눌러 vegas 를 재시작하면, 오디오가 밀리지않고 싱크문제가 해결된다.

[68] Style Transfer 플러그인

사진에 Style Transfer 플러그인 적용하여 모자이크 효과를 내기

1. 동영상을 타임라인에 불러와 [Video FX]탭에서 'Style' 검색하여 플러그인의
   [Style Transfer/Mosaic] 선택하고, 동영상 클립에 드래그하여 올려 놓는다.

2. Style 의 [Mosaic] 선택한다.

3. Style 의 [Candy] 선택한다.

[69] 사진 슬라이드 템플릿

사진이 나오면서 확대되는 장면을 만든 베가스 파일(템플릿)을 이용하여 슬라이드쇼 만들기

1. File/Open 클릭하여 [mischief_14ver] 불러오고, Text Change에서 글자를 바꾼다.

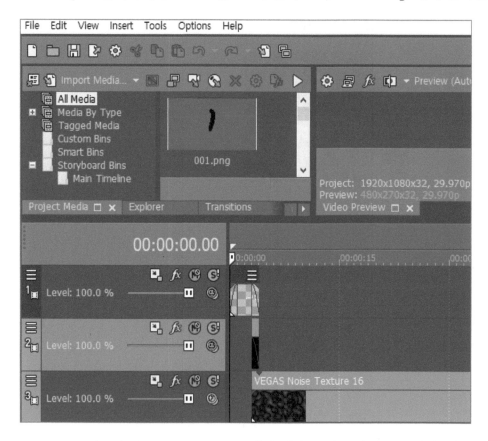

2. Mouse Right Click Drag & Drop : 1에서 마우스 우클릭으로 끌어다 사진이나 영상을 바꾼다.

3. Event Pan/Crop의 Width : Height = 1 : 1 비율로 맞춘다.

4. 13번 숫자 이미지는 2개

[70] 영상에 자막 넣고 편집하기

영상 트랙 위에 비디오 트랙을 삽입해야 비디오 위에 자막 넣고 수정하기

1. 비디오 트랙 삽입
오른쪽 마우스 클릭 후, [Insert Video Track: 단축키[Ctrl+Shift+Q]누르면 비디오트랙이 삽입된다.

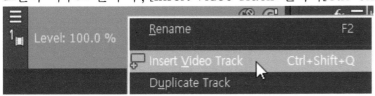

2. 비디오 트랙 위에 텍스트 삽입
[Media Generators] 클릭하고 자막 스타일을 고른다.
삽입 된 비디오 트랙 라인에서 오른쪽 마우스 클릭 후 [Insert Text Media]클릭한다.

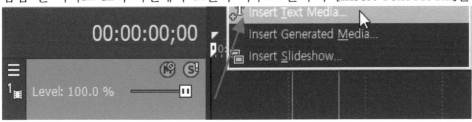

3. 자막 작업 및 편집
텍스트 편집 창(Video Media Creator)에서 자막 넣어 선택하고,
1) 글꼴의 크기
2) Bold: 진한 글자
3) Text Color: 글자 색상
4) Outline Width, Color 설정한다.
 Outline: 글자 테두리
 Outline width: 테두리 굵기
 Outline color: 테두리 색상

Video Media Generators

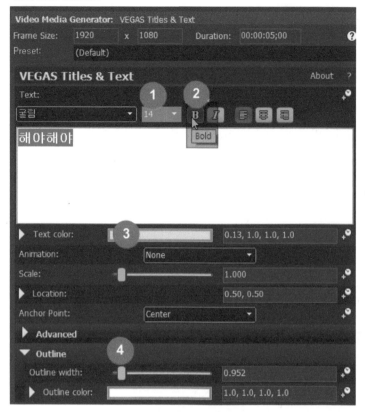

4. 자막 수정하기

– 자막에서 오른쪽 클릭 후[Edit generated Media...] 클릭하거나 [Generated Media..] 눌러 편집한다.

5. 자막 삭제: 단축키[Delete]혹은 오른쪽 클릭 후 Delete 클릭한다.

6. 자막 위치는 [Generated Media..] 누른 상태에서 오른쪽 영상 모니터창의 마우스로 위치를 이동한다.

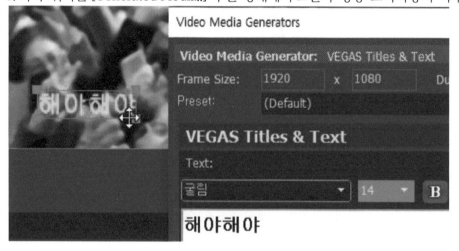

나
혼자
영상
만들기

VEGAS PRO 19
베가스 프로 19

발행인 최우진
발행일 2023년 11월 30일
저자 송택동
편집 · 디자인 편집부
발행처 그래서음악(somusic)
출판등록 2020년 6월 11일 제 2020-000060호

ISBN 979-11-92447-84-1(13000)

이 도서의 국립중앙도서관 출판예정도서목록(CIP)은
서지정보유통지원시스템 홈페이지(http://seoji.nl.go.kr)와
국가자료종합목록 구축시스템(http://kolis-net.nl.go.kr)에서 이용하실 수 있습니다.